AF203490

Gefühle, Geist und Ego

Anouk Claes

Gefühle, Geist und Ego

Wie Trauer, Liebe, Glück, Wut und Eifersucht
zu inneren Kraftquellen werden

Allinti

Die in diesem Buch vorgestellten Übungen und Beispiele aus der Praxis dienen der Information und Weiterbildung und sind nach bestem Wissen und Gewissen geprüft. Sie sollen jedoch keinesfalls ärztlichen Rat oder Hilfe ersetzen. Eine Haftung des Verlags oder der Autorin sowie der anderen an diesem Buch beteiligten Personen für etwaige Schäden, die sich aus dem Gebrauch oder Missbrauch der in diesem Buch präsentierten Vorgehensweisen ergeben, ist ausgeschlossen.

Produkte, die das FSC-Warenzeichen tragen, enthalten Holz aus vorbildlich bewirtschafteten Wäldern. Die Zertifizierung der Wälder erfolgte nach den Vorgaben des Forest Stewardship Council.

Lektorat: Marcus Caluori
Illustrationen: Anouk Claes
Umschlagfoto: Siggi Bucher
Satz und Layout: Fotosatz Amann, Memmingen
Druck und Bindung: Graphicom, Vicenza
Printed in Italy

ISBN 978-3-905836-02-8

www.allinti.ch

Inhalt

Dieses Buch widme ich

meiner Tochter Elizabeth, die mich mit ihrer Begeisterung für alles immer wieder inspiriert und mich mit ihrer Leichtigkeit und ihrer Geduld beim Schreiben dieses Buches sehr unterstützt hat,

meinem Verlagspartner Marcus Caluori, der die Gabe hat, zu verstehen, was ich meine, auch wenn ich es nicht ganz so aufgeschrieben habe, wie ich es meine, und damit Wunder vollbringt in der Korrekturarbeit, da die meisten wissen, dass Deutsch nicht meine Muttersprache ist,

Jakob Bösch, für die inspirierende und ganz tolle Zusammenarbeit und für seine Unterstützung und Begleitung,

allen Menschen, die mich aufsuchen und mir diese Arbeit ermöglichen; ich danke Euch allen, für Euer Vertrauen in mich; ohne Euch gäbe es dieses Buch nicht.

Es ist alles aus dem Gleichen

Erklärung zu einzelnen Begriffen

In diesem Buch verwende ich häufig das Wort »Bewusstsein«. Mit Bewusstsein meine ich den Grundstoff oder das Göttliche – das, woraus alles ist. Alles ist eine Ausdrucksform des göttlichen Bewusstseins. Es gibt nichts, das mehr oder weniger göttlich ist, sondern alles ist das Gleiche in unterschiedlichen Formen.

Das Wort »Gott« benutze ich deshalb fast nicht, weil das Buch für alle Menschen gedacht ist, unabhängig von Religion und Glauben. An nichts zu glauben, ist für mich genauso eine Form des göttlichen Bewusstseins, wie an etwas zu glauben. Es soll niemand ausgeschlossen werden, und daher ist das Wort »Bewusstsein« neutraler. Es kann von jeder Leserin und jedem Leser so in ihr oder sein Denken und Glauben integriert werden, wie sie oder er es gerne möchte.

Zudem kann ich das Wort »Gott« nicht definieren, kein einziges Wort noch ein Bild wären passend dafür.

Um eine gute Lesbarkeit zu gewährleisten, benütze ich ausschließlich die männliche Form und verzichte auf Doppelbezeichnungen oder Wortkombinationen. Deshalb sollten sich Leserinnen jedoch keineswegs ausgeschlossen fühlen.

Einführung

In diesem Buch geht es um die Gefühle, die Gedanken, den Geist und das Ego, die kaum fassbar, oft unbegreifbar sind, die aber letztlich unser Leben ausmachen und bestimmen. In einer Gesellschaft voller (Ab-)Wertungen, Klassifizierungen und Hierarchien ist es mir ein wichtiges Anliegen, dass wir alle diese »Teile« als gleichwertig betrachten und entsprechend annehmen und integrieren.

Woher kommen Wertungen wie: »Das Ego ist schlecht.« Oder: »Man darf nicht eifersüchtig sein?« Wieso darf man nicht negativ denken, weshalb ist ein Gedanke überhaupt negativ und wer sagt das eigentlich? Die Antwort, die ich gefunden habe, lautet: »Es ist der jeweilige Mensch selbst, der diese Wertungen macht«.

Ich habe die Gefühle lange beobachtet, und ebenso die Gedanken. In ihrer Essenz »sahen« sie immer gleich aus. Da ich Gedanken »sehen« kann, weiss ich, wie ein sogenannter »negativer« Gedanke aussieht. Nämlich so, wie wenn sich eine Farbe darüber befindet, ein bemalter Gedanke sozusagen. Doch ohne diese Farbe sieht ein »negativer« Gedanke ganz genau gleich aus wie ein »positiver«. Dasselbe kann ich von allem behaupten: Gefühle, Energien, Schwingungen etc. Ich konnte und kann bei all dem keine weiteren Eigenschaften entdecken, die rechtfertigen würden, etwas in «positiv« oder »negativ« zu unterscheiden resp. zu bewerten.

Ich machte mich deshalb auf die Suche danach, wieso solche Ansichten vertreten werden – insbesondere bei den Gefühlen und beim Ego. Und ich suchte ebenso nach Mitteln und Wegen, die den Menschen helfen können. Menschen, die – aus welchem Hintergrund auch immer – sich in ihren Gedanken, ihren Gefühlen, durch ihren Geist oder ihr Ego verstrickt haben und sich damit nicht selten Beschwerden bis große Leiden zuzogen. Entstanden sind nach und nach praktische »Werkzeuge« in Form von leicht nachvollziehbaren Übungen, die es jedem Menschen ermöglichen, sich wieder in eine harmonische Balance zu bringen.

So will ich mit diesem Buch nicht nur meine Sicht der Dinge erläutern und sie mit vielen Praxisfällen dokumentieren, sondern Ihnen auch Möglichkeiten in die Hand geben, das Theoretische selbst praktisch nachzuvollziehen und die Kraftquellen in uns optimal zu nutzen. Ich wünsche Ihnen dazu viel Erfolg und neue Erkenntnisse.

Anouk Claes
Basel, März 2008

Der Geist und das Ego

Die Wesensarten von Geist und Ego

Ist das Ego schlecht? Muss man sich bemühen, seine Ego-bezogenen Gedanken zu kontrollieren? Oder gar: Kommt spirituell weiter, wer sein Ego ablegt?

Für mich sind Ego und Geist in gleichem Masse wichtig. Einfach ausgedrückt: Weil wir einerseits aus Materie bestehen, andererseits aus Nicht-Materie. Das Ego repräsentiert den Materie-Teil und der Geist den materielosen Teil. Diese zwei »Hälften« sind beide eine Form des gleichen Bewusstseins, der eine Teil »schwingt« anders als der andere, deswegen wirkt dieser »fest« und der andere nicht.

Jeder Mensch ist eine Form von Bewusstsein, das sich nicht definieren lässt, sondern alles ist. Als Mensch haben wir auf dem Planeten Erde »Helfer«, die es uns ermöglichen, hier unsere Erfahrungen zu machen. Unser Geist und unser Ego sind zwei dieser Helfer, so wie auch unser Körper und unsere Gefühle. Es gibt noch viele weitere, etwa unsere Angst, die jedoch hier in diesem Buch nicht zur Sprache kommen.

Ich gehe hier insbesondere auf zwei dieser Helfer – Geist und Ego – separat voneinander ein. Dies ist anfänglich etwas gewöhnungsbedürftig, da es für die meisten ungewohnt ist, sie einzeln von außerhalb zu betrachten. Dieses Betrachten »von außerhalb« kann man etwa umschreiben mit »sich selbst beobachten«. Wer ist das, der da beobachtet? Ich nenne ihn einfach Beobachter. Er lässt sich nicht definieren und wird oft verwechselt mit dem Geist.

Häufig schreiben wir dem Geist gute Eigenschaften zu und dem Ego schlechte. Viele Menschen versuchen deshalb, nur im Geist zu sein. Das ergibt eine sehr einseitige Existenz, da wir eben nicht nur Geist sind. Anerkennt man die beiden als zwei Helfer, sieht man, dass das Ego für etwas ganz anderes gedacht ist als der Geist, aber ebenso unentbehrlich ist. Ein Vergleich: Wenn man mit einem Städteführer in einem Urwald nicht viel anfangen kann, weil er sich nicht auskennt, liegt dies nicht an dem Führer selbst, sondern man hätte einen anderen Helfer fragen sollen. So ähnlich verhält es sich mit Geist und Ego; beide sind grundverschieden, aber jeder ein Experte auf seinem Gebiet. Alle unsere Helfer sind Begleiter, Werkzeuge, Partner.

Im Folgenden beschreibe ich Geist und Ego in verschiedenster Hinsicht, da beide so unterschiedlich sind, aber im Team bestens zusammenarbeiten. Keiner steht dem anderen im Weg, wenn sie das tun können, wozu sie fähig sind.

Leider liegen die zwei im Alltag häufig im Kampf miteinander, weil sie nicht als Team arbeiten können. Häufig wird versucht, einige der Teammitglieder los zu werden, was etwas schwierig werden kann … Es ist ähnlich wie bei unserem Körper, wo jede Zelle, jedes Organ seine Arbeit macht. Da würde es uns nie in den Sinn kommen, unserem Magen zu sagen: »Ok, Schluss jetzt mit all diesem Verdauen. Du hörst auf damit, und die Leber soll ab heute deine Arbeit machen.« Das klingt absurd, aber es ist genau so, wie wenn jemand sein Ego ablegen will, um nur noch geistig zu sein.

Geist und Ego in Bezug auf Information

Information vs. Struktur

Ich unterscheide bei Geist und Ego zwischen Inhalt und Struktur. Inhalt heißt für mich Information oder Daten. Man kann es vergleichen mit einer Maschine, die Päckchen auf ein Band legt. Die Päckchen sind die Information, und wie die Päckchen aufs Band gelegt werden, das ist die Struktur. Geist und Ego haben eine ganz unterschiedliche Art mit dem gleichen Päckchen umzugehen. Der Geist legt sie beliebig nebeneinander, und das Ego reiht sie auf und verbindet sie untereinander.

Betrachtungsweise der Information

Man kann Information auf sehr viele Arten beschreiben und einteilen. Ich überlegte mir lange, welche Art der Aufteilung für die »übersinnliche« Arbeit am praktischsten ist. So kam ich auf »sichtbare« und »unsichtbare« Information.

Die »sichtbare« Information:
In unserer heutigen Gesellschaft sind wir durch Fernsehen, Radio und weitere Medien von Information umgeben wie nie zuvor. Jeder hat jederzeit Zugang zur gewünschten Information – insbesondere durch das Internet.

Die »unsichtbare« Information:
Mit »unsichtbarer« Information meine ich Information, bevor sie eine Form bekommt und sichtbar wird. Nimmt man ein Buch zur Hand und liest darin, ist das sichtbare Information.

Doch wo war diese Information, bevor sie aufgeschrieben wurde? Man kann den Ort nicht genau angeben. Es ist ein wenig vergleichbar mit dem Internet: Wenn wir über Google etwas abrufen, erscheint es auf unserem Bildschirm. Aber wo war es vorher? Begnügen wir uns hier einmal mit: »irgendwo«. Man hört auch aus der Quantenphysik, dass Information nicht lokal ist, das heißt, sie ist weder an einen Ort noch an die Zeit gebunden.

Unsichtbare Information nenne ich auch »Informationswelle«, weil ich sie persönlich als wellenförmiges Etwas wahrnehme. Eine weitere passende Bezeichnung ist »Möglichkeitsraum«, denn die unsichtbare Information beinhaltet alles nur Denkbare und Undenkbare. So kann ich sie nur annähernd beschreiben: Alles, was jeder Mensch je gedacht hat, noch denken wird und hätte denken können, alles was je passiert ist, noch passieren wird und hätte passieren können – über riesige Zeitspannen hinweg, weil Information keinen Anfang und kein Ende hat und Vergangenheit und Zukunft gleichermaßen beinhaltet. Eine solche Fülle ist für uns sehr, sehr schwer vorstellbar.

Unsichtbare Information sichtbar machen

Man kann es so sehen: Wir sind umgeben von einer riesigen Informationsmenge, und jeder kann aus dieser Information das herausholen, was er braucht, und in Worte fassen, wie er möchte. Eigentlich genau so wie beim Beispiel Internet. Wenn wir einen Suchbegriff bei Google eingeben, machen wir mit einem Klick ein kleines Stückchen Information auf unserem Bildschirm für uns sichtbar.

Wir sind ein Teil der Ganzheit und tragen die Ganzheit ebenso in uns, das heißt auch, wir sind ein Teil dieser Informationsmenge und sie ist ein Teil von uns.

Aus dieser Aufteilung in sichtbare und unsichtbare Information resultiert eine zweite für unsere Arbeit praktische Aufteilung:

Die Information, die wir bewusst aus der Welle aufgenommen haben: Die Information in uns.

Die Information um uns herum: die Informationswelle selbst.

Weil wir Teil der Welle sind, ist dieser Unterschied für uns theoretisch schwer nachzuvollziehen. Deswegen unterscheide ich in der Praxis zwischen dem, was ich bewusst weiß, und dem, was ich nicht weiß.

Sokrates hat einmal gesagt, dass man jemandem nur die richtige Frage stellen müsse, um das Wissen aus ihm hervorzuholen. Davon bin ich ebenso überzeugt. Mit vielen richtigen Fragen könnte er beispielsweise das Wissen aus mir herausholen, wie sich ein Motor zusammenbauen lässt. Aber ich bin mir im Klaren, dass ich das jetzt bewusst nicht weiß.

Unter dem Blickwinkel von sichtbarer und unsichtbarer Information sowie dem bewussten Wissen und dem Nicht-Wissen, teilen sich die Rollen von Geist und Ego:

> **Geist: Manager der »unsichtbaren« Information mit Zugang zum bewussten Wissen.**
>
> **Ego: Manager der »sichtbaren« Information und Manager des bewussten Wissens.**

Geist und Ego – ihre Charakteristik

In den folgenden, steckbriefartigen »Persönlichkeitsbeschreibungen« finden sich detaillierte Darstellungen über die Wesenszüge, Merkmale, Eigenarten und Besonderheiten unserer beiden Helfer.

»Persönlichkeit« und »Lebenslauf« des Geistes

Größe: mit zur Zeit existierenden Messgeräten nicht messbar, jedenfalls größer als der Körper des Menschen; wird ungern ausgemessen, da er Vergleiche nicht ausstehen kann, findet reale Messwerte schwer fassbar

Augenfarbe: beliebig, nimmt Farben eher als Schwingung war, und mit etwas Übung ist die Schwingung veränderbar

Gewicht: schwerelos

Geburtstag: unbekannt, da schon immer vorhanden; existiert ewig

Wohnort: überall zu Hause, kann sich aber auch anfühlen wie nirgendwo zuhause, wenn der Ausgleich des Egos fehlt

Arbeitsort: überall; wenn ein Mensch aber an seinem Arbeitsort unzufrieden ist, kann er im Geist woanders hingehen und abwesend wirken

Ausbildung: hat Zugang zur »sichtbaren« und »unsichtbaren« Information, also zu allem, was es zu wissen gibt; befasst sich meistens zuerst mit dem, was in seinem Umfeld an Wissen geglaubt wird, und je nachdem bleibt es dabei oder aber er eignet sich auch ganz anderes an, hier sind keine Grenzen gesetzt

Wesenszüge:
- träumt sehr gerne, unter anderem von den endlosen Möglichkeiten, die er wahrnehmen kann
- ist am liebsten ausgeglichen
- braucht sehr viel Freiraum
- kein Interesse an Vergleichen oder Wettbewerb
- kann alles annehmen, wie es ist
- denkt sich gerne die schönsten Bilder aus, hat Visionen für die Zukunft, in allen Bereichen
- kennt sich nicht aus mit Raum und Zeit, nimmt alles gleichzeitig wahr; benötigt besonders in diesem Bereich Hilfe vom Ego; kann eine große Vision haben (zum Beispiel das Fliegen: der Geist eines Menschen hatte seinerzeit diese Vision, und er übergab diesen Traum dem Ego, was zum Bau eines Flugzeuges führte) – In sehr vielen Dingen auf dieser Welt, die außergewöhnlich und einzigartig sind, ist die Größe des menschlichen Geistes zu sehen und die Kraft des Egos, das diese Dinge sichtbar machte. Es gibt viele Errungenschaften, woran wir uns in unserem Alltag gewöhnten, die es vor 200 Jahren noch nicht gab. Alle neuen, sichtbaren Dinge sind

entstanden aus dem Traum eines Menschen, der etwas wollte und es mit der Kraft seines Egos in Materie umsetzte.

- ist sehr neugierig
- hat ein schlechtes Gedächtnis für die »sichtbare« Information

Wahrnehmung: nimmt die Materie nur sehr vage wahr, kennt sich besser aus mit »unsichtbarer« Information; nimmt die Schwingungen der sichtbaren Dinge sehr gut wahr, aber kaum ihre tatsächliche Form; hat auch große Mühe, Gegenstände voneinander zu unterscheiden, alles sieht sehr ähnlich aus, weshalb es auch so mühsam ist, praktische materielle Entscheidungen mit dem Geist zu treffen

Spezialgebiet in der Wahrnehmung: Außersinnliche Wahrnehmungen – die Kommunikation mit Verstorbenen oder sonstigen Wesen, die Kommunikation mit der Natur oder mit Gegenständen gehören in den Bereich des Geistes. Über den Geist steht uns alles Wissen zur Verfügung, das wir benötigen. Dieses Wissen kann aber auch (unaufgefordert) zu uns kommen und damit eine ziemliche Verwirrung verursachen. In solch einem Fall ist es sehr gut, wenn man zum Ego wechseln kann, weil dieser Helfer das nicht wahrnimmt.

Verständnis von Schmerz: Der Geist ist derjenige, der weiß, dass Schmerzen eine Bedeutung haben und uns der Körper auf diese Art etwas mitteilen möchte. Wenn der Geist jedoch damit beschäftigt ist, das Ego – das eben ganz andere Gedanken hat – zum Schweigen zu bringen, bleibt für ihn nicht viel Zeit zu überlegen, was die Schmerzen bedeuten könnten.

Bewertung: Der Geist ist eine Struktur, die über die Möglichkeit verfügt, nicht zu bewerten, obwohl er meistens Wertvorstellungen hat, zum Beispiel wie das Idealbild des Menschen aussehen sollte. Wichtig ist, alle Wertungen dem Ego zu überlassen.

Viele Menschen, die auf dem spirituellen Weg sind, versuchen nicht mehr zu werten. Dies ist eigentlich ebenso ein Werten – sozusagen das Werten bewerten. Sie machen technisch gesehen genau dasselbe wie vorher, als sie noch werteten.

Der Geist teilt Gedanken nicht in »positiv« oder »negativ« ein, das macht nur das Ego. Für den Geist spielt es daher in dem Sinne keine Rolle, was der Mensch denkt.

Beschäftigungen, die nicht zur Bestimmung gehören und die dazu führen, dass der eigene Aufgabenbereich beeinträchtigt wird:

- das Ego zum Schweigen bringen
- Entscheidungen treffen, zum Beispiel welches Sofa gekauft werden sollte
- den Körper »verdrängen«
- bewerten

Lebenslauf: Der Geist ist eigentlich ständig und gleich bleibend vorhanden, fällt aber in den ersten zehn Lebensjahren des Menschen weniger auf. Dies hängt auch vom Ego ab. Wird es schon früh verdrängt, kann es sein, dass der Mensch sich im Geist zurückzieht, träumt und abwesend wirkt (was natürlich auch möglich ist, wenn das Ego nicht verdrängt wird ...). Auch bei sehr schwierigen Lebensumständen bietet der Geist ein Refugium an, worin das Individuum sich zurückziehen kann, wenn es auf der Handlungsebene zu schwer wird. Je nach Wesensart des Menschen gibt es noch viele weitere Möglichkeiten. Manchmal ist der Geist schon sehr früh aktiv und sehr neugierig; dann kann es sein, dass ihm die Umgebung zu wenig Stoff bietet und er sich langweilt. Dies kommt häufig bei Kindern vor, die überaktiv sind. In diesem Fall braucht ihr Geist viel mehr Beschäftigung – in Form von mehr Bildern oder mehr Aktivitäten gleichzeitig.

»Persönlichkeit« und »Lebenslauf« des Egos

Größe: gleich wie die Körpergröße des Menschen, was allenfalls für Probleme sorgen kann, wenn der Körper in seinen Abmessungen zu klein oder zu groß ist, oder generell abweicht von dem, was zurzeit in der Gesellschaft als Norm gilt; sorgt für große Unzufriedenheit, falls Größe nicht für gut befunden wird; vergleicht sich sehr gerne mit anderen

Augenfarbe: gleich wie die des physischen Körpers, zum Glück jederzeit veränderbar mit gefärbten Kontaktlinsen ..., also eher kein Grund zur Unzufriedenheit

Gewicht: dasselbe wie der Körper, häufig Grund zur Unzufriedenheit, wenn abweichend von der Norm

Geburtstag: am selben Datum wie der Körper, teilt den Jahrgang manchmal nur sehr ungern mit; wenn es noch klein ist, möchte es größer sein, wenn es schon älter ist, möchte es jünger sein, daher häufig ein Grund zur Unzufriedenheit; tröstet sich aber gerne mit Behauptungen über die anderen Helfer

(sehr beliebt ist beispielsweise über den Geist zu sagen, wie alt er schon sei, oder über den Körper, wie jung er noch aussehe)

Wohnort: am gleichen Ort wie der Körper

Arbeitsort: derselbe, an dem der Mensch arbeitet; falls der Arbeitsort Grund ist für Unzufriedenheit, kann es nicht weg wie der Geist, und so wird es anfangen, unangenehme Gedanken zu generieren; wenn dies keine Veränderung bringt, kann es sich zusammen mit dem Körper etwas einfallen lassen, um die Arbeit zu erschweren (Beispiele: Schmerzen oder eine Krankheit, um den Menschen darauf aufmerksam zu machen, dass die Umgebung nicht passend ist); es ist ein sehr sensibler Barometer dafür, ob einem etwas gefällt oder nicht

Ausbildung: lernt alles in der Schule, so wie der Mensch selbst auch; hat keinen Zugang zur »unsichtbaren« Information; weiß gerne mehr als die anderen und ist sehr ehrgeizig

Wesenszüge:
- denkt linear – eins nach dem anderen
- kann sehr gut analytisch denken, kann sehr präzise sein
- ist ein »Spaßvogel«
- ist zielstrebig
- ist großzügig
- typische Gedanken: ich bin der/die schönste, der/die beste
- sieht sich selbst gerne im Mittelpunkt. Viele haben Angst vor dem eigenen Ego, weil es sich selbst in den Mittelpunkt stellt. Ein zufriedenes Ego sagt: »Ich möchte das Beste sein, was ich sein kann.« Ein sehr unzufriedenes Ego sagt: »Ich

möchte besser sein als die anderen«. Es ist quasi eifersüchtig auf die anderen Egos, die mehr Freiraum haben.

- hat ein Elefantengedächtnis für Fehler und Erfolge
- ist der »schnellste« Helfer, den wir haben. Das Ego ist vergleichbar mit einer Zeitung: es weiß alles zuerst und hat zu allem einen Kommentar. Es ist daher auch häufig an sehr vielem interessiert. Es wertet alles, was unter seine Augen kommt – aber auch das, was es nicht gesehen hat …
- ist die erste Instanz, die einen darauf aufmerksam macht, wenn etwas nicht stimmt. Doch häufig wird nicht auf diese innere Stimme gehört.

Wahrnehmung: Das Ego nimmt die Materie am klarsten wahr. Es ist eine Gedankenstruktur, die wertet. Das Ego kann nicht anders, sonst könnte der Mensch kaum überleben. Es wertet, ob etwas gut oder schlecht ist, ob etwas gefällt oder nicht. Das Ego sieht nur das, was die physischen Augen auch sehen. Es erkennt den größeren Rahmen der Dinge nicht. Es lebt in Raum und Zeit. Das Ego organisiert den Alltag des Menschen, geht einkaufen, zahlt Rechnungen. Weil es die Materie sehr klar wahrnimmt, kann es dies sehr gut. Deswegen bewertet es andauernd alles – und wird daher für viele Menschen zum Problem. Das Ego hat den besten Bezug zur »realen« Welt, es kann die Zukunftsvisionen des Geistes sehr klar in machbare, realistische Schritte ausformulieren. Es plant, rechnet und stellt Motivation und Energie zur Verwirklichung der Dinge zur Verfügung.

Außersinnliche Wahrnehmungen: Das Ego nimmt sie nicht wahr und glaubt meistens nichts von alledem. Es kann dem Menschen sehr gut helfen abzuschalten. Aber auch ziemlich entmutigen, mit dem Trainieren dieser Wahrnehmungen überhaupt zu beginnen, weil es sich dann häufig ausgeschlossen fühlt. Demgegenüber wird das Ego immer helfen, die außersinnlichen Wahrnehmungen bestmöglich zu sortieren. Es muss aber in Kauf genommen werden, dass es sie weiterhin stark anzweifeln wird.

Spezialgebiet in der Wahrnehmung: Das Ego repräsentiert das Individuum in Raum und Zeit. Es kennt seine Stärken und seine Schwächen. Es weiß, was zu ihm passt und was nicht. Es ist wie ein Trainer oder ein Coach, der hilft, ein Ziel zu erreichen.

Verständnis von Schmerz: Das Ego will nie Schmerzen haben. Es zeigt kein Interesse an irgendwelchen spirituellen Ideen oder Lösungsansätzen über den Schmerz. Es möchte die Schmerzen möglichst sofort los sein, meist unter Wehklagen und mit der Frage: »Wieso gerade ich.« Dieses Denken ist für das Ego völlig normal, und im Idealfall können diese Gedanken des Egos im Geist angenommen werden, ohne sie zu bewerten.

Bewertung: Das ist der Bereich des Egos. Es ist seine Aufgabe, die persönlichen Vorlieben zum Ausdruck zu bringen. Das Ego ist zuständig für den »Geschmack« des Menschen. Es befähigt ihn, einen eigenen Stil zu entwickeln, zum Beispiel bei der Kleidung, bei der Inneneinrichtung, bei Musik und Kunst. Es probiert gerne aus und kann den »Geschmack« auch häufig wechseln (oder auch nicht). Das Ego ermöglicht es, die Einzigartigkeit des Individuums zum Ausdruck zu bringen. Durch die Wertungen »Gut« und »Schlecht« bewirkt es die unglaublichen »Höhen« im Leben, aber ebenso die »Tiefen« – die Superlativen in beiden Richtungen, von fantastisch gut bis miserabel schlecht. Ohne die Wertungen des Egos ist alles langweilig, es wirkt eintönig, die Interessen fehlen. Das Ego ist das »Salz in der Suppe«, es bringt Farbe und Leben in die Dinge. Es sorgt für sehr starke Begeisterung, aber genauso für sehr starke Ablehnung. Es ermöglicht jedem, die Welt so zu erleben, als ob er vorher noch nie gelebt hätte, und damit die Erfahrung, die Dinge immer wieder als neu zu betrachten. Obwohl Zeit von der geistigen Perspektive aus nicht existiert, macht es das Ego dem Menschen möglich, dieses Raum-Zeit-Erlebnis in vollen Zügen zu leben – jedem auf seine eigene Art.

Beschäftigungen, die nicht zur Bestimmung gehören und die dazu führen, dass der eigene Aufgabenbereich beeinträchtigt wird: Probleme entstehen, wenn das Ego sich mit geistigen Themen befasst. Es nimmt sich selbst als von allem getrennt war, weil es das Individuum repräsentiert. Ebenso nimmt es sich vom Bewusstsein getrennt wahr und kann Theorien entwickeln, wie man sich an dieses Bewusstsein annähern könnte. Da es nur die Handlungsebene kennt, geht es hierbei meistens um Handlungen, die der Mensch sich selbst vorschreibt, um mehr oder ein »höheres« Bewusstsein oder eine »höhere« Schwingung usw. zu bekommen. Das Ego behauptet, es sei eine ältere Seele (obwohl Zeit nicht existiert …), oder verwendet vor Wortbegriffen ein weiteres Wort wie »mehr«, »höher« oder »weiter«. Nun, ich kann einen »höheren« Baum in meinem Garten haben als mein Nachbar, aber keine »höhere« geistige Schwingung … Das Ego braucht für die materielle Existenz des Menschen ein Volumen-

und Mengendenken. Es muss beispielsweise die Anzahl der Backsteine bemessen können, um den Bau des Hauses zu ermöglichen. Daraus wird offensichtlich, dass Probleme entstehen, wenn ein solches »Bemessen« bei geistigen Inhalten angewendet wird. Dann wird auch auf der Bewusstseinsebene etwas als »höher« und »niedriger«, »mehr« und »weniger« eingestuft. Dies trägt dazu bei, dass viele Menschen sich sehr schlecht fühlen, weil sie denken, dass sie eine bestimmte Stufe noch nicht erreicht haben. Die Menschen sind in ihrem Kern alle gleich, sie machen einfach andere Erfahrungen.

(Ich bin mir bewusst, dass ich damit etwas drastisch anderes behaupte als viele spirituelle Lehrer und Buchautoren. Ich kann nur empfehlen, den Verstand zu benutzen und selbst zu entscheiden, was man glauben möchte.)

Lebenslauf: In den ersten Lebensjahren hat das Ego Hochkonjunktur, danach hängt es ziemlich von der persönlichen Umgebung ab, ob es gefördert wird und somit weiter wächst, oder ob es lernen muss, was man alles nicht darf …

Die Notwendigkeit von Geist und Ego

Die »Persönlichkeitsbeschreibungen« von Ego und Geist zeigen klar, wie unterschiedlich die beiden sind – und wie sehr wir sie beide benötigen, um hier auf unserem Planeten Erde leben zu können. Betrachtet man beide Instanzen und ihre jeweiligen Stärken und Schwächen, wird sofort klar, was passiert, wenn man versucht, das Leben ohne den einen oder anderen dieser Helfer zu meistern.

Es ist unerlässlich, die Unterschiede zwischen den beiden zu kennen, um auf Fragen und Themen wie die folgenden eingehen zu können.

»Positives« und »negatives« Denken

Schaden »negative« Gedanken? Nun, das ist schwer zu beantworten: Bewertet man die eigenen Gedanken, schadet man meistens nur sich selbst, weil man in diesem Fall einen Teil von sich selbst ablehnt; bewertet man sie nicht, sind es keine »negativen« Gedanken mehr.

Das Ego wird werten, weil es nicht anders kann, der Geist macht das nicht. Auf die Frage: »Gibt es »negative« Gedanken?« kann die Antwort also nur heißen: »Ja und nein, je nach Perspektive.«

Regt sich jemand über seine eigenen Gedanken auf, «befindet« er sich im Ego und versucht aus dem Ego heraus, diese Bewertungen loszuwerden. Das geht natürlich nicht, was zu einer ziemlichen Verzweiflung führen kann. Versucht man nicht mehr zu werten, regt sich aber über wertende Menschen auf, ist man ebenso im Ego.

Das Ego setzt sich sehr gerne Ziele und möchte die dann auch durchziehen. Der Geist hingegen hat kein Ziel, er ist zeitlos und kann die Wertungen komplett weglassen.

Kann man das eigene Werten seines Egos annehmen, spielt es keine Rolle mehr, wer am Werten ist und wer nicht!

Werten ist nicht gleich Verurteilen

Über unseren Geist sind wir mit allem verbunden, mit der ganzen Welt und auch mit allem Unsichtbaren. Dieses ist der natürliche Zustand der Dinge.

Das Ego nimmt einen persönlichen Bezug, indem es die Dinge bewertet. Es geht nicht, etwas zu bewerten, ohne einen Bezug herzustellen. So gesehen sind Geist und Ego gleichermaßen eins mit allem – wenn auch auf eine ganz andere Art.

Eine Verurteilung findet für mich im Geist statt, und wirkt, wie wenn etwas »getrennt« wird. Wenn man etwas wahrnimmt und dabei denkt, dass man dies nicht sei, also dies nicht als einen Teil von sich betrachtet, trennt man sich im Geist von dem. Weil jedoch die Außenwelt ein Teil von uns ist, trennt man sich in dem Sinne auch von sich selbst.

Beobachtet man im Außen etwas »ungutes«, denkt der Geist: das bin auch ich; das Ego hingegen denkt: das gefällt mit überhaupt nicht. Dies sind zwei verschiedene Perspektiven, die nebeneinander existieren können.

Weiterentwicklung des Menschen

Müssen wir uns weiterentwickeln zu vollkommenen Wesen? Von der Perspektive des Ego aus gesehen: ja. Weil das Ego in Zeit und Raum lebt und in diesem Erdenleben noch eine ganze Menge vorhat und viele Ziele verfolgen möchte.

Von der Perspektive des Geistes aus: nein. Der Geist kennt keine Zeit, also auch keine Entwicklung; er war schon immer und wird immer sein. Vergangenheit und Zukunft existieren jetzt und gleichzeitig. Wir sind schon längst vollkommen.

Das Ego ablegen

Soll man versuchen, ohne Ego zu leben? Meine persönliche Meinung aus der geistigen Perspektive heraus: Es ist ein Weg wie jeder andere auch, er ist nicht besser oder schlechter. Aber es ändert nichts daran: Wir sind so oder so schon vollkommen. Wenn ich versuche, das Ego abzulegen, macht mich das nicht zu einem besseren Menschen und ebenso nicht zu einem schlechteren, weil es dies von der geistigen Sicht her nicht gibt. Es ist einfach ein Weg, der mir zum Ausprobieren zur Verfügung steht.

Aus der Perspektive des Egos heraus würde ich sagen: Schade.

Fazit

Mein Geist und mein Ego ermöglichen mir enorm viel: Ich kann mich selbst als ein Teil der Ganzheit und ebenso als Individuum empfinden – beides zur gleichen Zeit.

Mein Geist gibt mir eine grenzenlose Auswahl an Möglichkeiten, woraus ich als Individuum auswählen und Erfahrungen sammeln kann.

Mein Ego ermöglicht mir die Erfahrung der Einmaligkeit

Mein Geist ermöglicht mir die Erfahrung der Ewigkeit

Die Gefühle

Wegweiser zur Selbsterkenntnis

In jedem Menschen nehme ich fünf Hauptgefühle wahr: Trauer, Glück, Liebe, Wut und Eifersucht. Für mich sind diese Emotionen alle gleichwertig. Sie sind weder gut noch schlecht, sondern einfach ein Teil von uns Menschen. In den Illustrationen habe ich schematisch vereinfacht dargestellt, wie ich

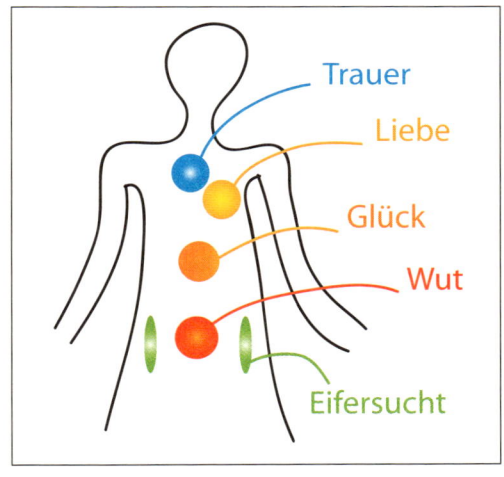

Der jeweilige »Sitz« der fünf Hauptgefühle

diese Gefühle wahrnehme. Ich sehe sie farbig, aber die Farben sind nicht immer dieselben. Trauer erscheint in Blau, weil ich es meistens so sehe. Es kann aber auch ein anderes Blau sein als in der Illustration. Liebe ist gelb, wobei ich sie häufig auch als Weißgelb oder Rosa wahrnehme. Glück ist auch eher Gelb, aber um es von der Liebe klar unterscheiden zu können, gab ich dem Glück eine orange Farbe. Wut sehe ich meistens als Rot und Eifersucht als grünliche Farbe.

Die Gefühle können sich – wie eine Art Flüssigkeit – im

Körper hin und her verschieben, aber ein Teil des Gefühls bleibt immer an seinem ursprünglichen Ort. Diesen nenne ich den »Sitz« des Gefühls. So sitzt das Gefühl der Trauer im Brustbereich, das Gefühl der Liebe in der Herzregion, das Gefühl von Wut im Bauchbereich, das Gefühl des Glücks in der Mitte zwischen Wut und Trauer und das Gefühl von Eifersucht seitlich auf beiden Seiten des Körpers. Zum Gefühl der Eifersucht gehören auch Neid und Bewunderung.

Häufig werde ich gefragt, wo ich Angst einordne. Für mich unterscheidet sich Angst von den anderen Emotionen, weil sie keinen festen Sitz hat. Angst kann sich überall »hinsetzen« und sich auch vergrößern, so, dass man nur noch Angst fühlt. Deswegen ist für mich Angst kein Gefühl wie die anderen, sondern ein Schutzmechanismus, der zum Körper gehört.

Wie gesagt, bezeichne ich die fünf genannten als die Hauptgefühle. Es gibt zwar noch viele weitere Emotionen, doch diese sind für mich entweder Mischungen aus mehreren Gefühlen oder ein Gefühl, das mit einem Gedankenkonstrukt verbunden ist.

Ich nehme die Gefühle bei den Menschen als große und kleine Farbflecken wahr. Dies lässt sich am ehesten vergleichen mit einem großen mit Wasser gefüllten Teller, auf den man mehrere Tropfen Wasserfarbe fallen lässt; mit dem einzigen Unterschied: Wasserfarben verändern die Farbe, wenn man sie mischt, die Gefühle nicht. Jedes Gefühl behält immer seine eigene Farbe. Wenn sie zusammenkommen, vermischen sie sich nicht, sondern liegen immer noch nebeneinander.

Diese Gefühls-Farbflächen bewegen sich fließend im Körper. Im Oberkörper – am Sitz des Gefühls – ist meistens eine größere Farbfläche zu sehen, in den Armen und Beinen häufig nur einzelne »Tropfen«. Am wenigsten davon befinden sich im Kopf. In den Bewegungsmustern der Gefühle sieht man auch, wie sie sich von sonstigen Energien unterscheiden. Gefühle können im Gegensatz zu den Energien des Körperenergiefeldes nicht »springen«.

Ein Beispiel zur Verdeutlichung: Hat man in der linken Hand zu wenig Energie, ist es theoretisch möglich, die rechte Hand über die linke zu legen und von der rechten Hand Energie in die linke fließen zu lassen. Wenn in der linken Hand ein Tropfen Trauer sitzt und man diesen in die rechte Hand verschieben will (man sollte das aber in Wirklichkeit nicht machen), muss er über den Körper verschoben werden. Das heißt zuerst nach oben in den linken Arm bis zur Schulter, dann seitlich zur rechten Schulter, und daraufhin nach unten in den rechten Arm und wieder bis zur Hand. Gefühle verschieben sich nur im Körper, sie können also nicht springen.

Wenn Gefühle nicht mehr an ihrem richtigen Ort sind, sollten sie dorthin zurückverschoben werden. Was verschobene Gefühle bewirken können und wie sie wieder zurückverschoben werden können, ist im Praxisbeispiel beim Gefühl Trauer ausführlich beschrieben.

Während unser Energiefeld auch außerhalb unseres Körpers vorhanden ist, verbleiben unsere Gefühle immer in unserem Körper. Sie senden jedoch Schwingungen mit bestimmten Frequenzen aus. Dies tun sie ständig, ob sie aktiv sind oder nicht. Manchmal spürt man ja den Gefühlszustand einer Person, ohne dass sie etwas sagt.

Wenn jemand sehr wütend ist, kann dies gut wahrgenommen werden. Viele Menschen denken dann, dass sie die Wut des Wütenden in sich tragen und fragen sich, wie sie diese wieder loswerden. Das stimmt genau genommen nicht, sondern die Schwingungen der Wut des anderen sind auf die eigenen Wut-Schwingungen getroffen. Je niedriger nun die Frequenz ist, desto unangenehmer ist es. Das bedeutet, je weniger man die eigene Wut annimmt – mit entsprechend tiefer Frequenz der eigenen Wut –, desto mehr gestresst wird man durch Wut-Schwingungen einer anderen Person, da diese meistens auch nicht angenommen werden. So werden die eigenen unangenehmen Frequenzen von der Schwingung des anderen angeregt. Man ist damit konfrontiert, was man selbst auch nicht will. Wenn die eigene Wut angenommen wird, ist die Frequenz der Wut-Schwingungen hoch und daher stressen einen Wut-Schwingungen von anderen Menschen nicht mehr. Das gilt für jedes Gefühl.

Übungen mit den Gefühlen

Damit Sie die theoretischen Ausführungen besser nachvollziehen können, finden Sie bei jedem der fünf Gefühle Praxisbeispiele und Übungen. Wenn Sie mit den Gefühlen eine Zeit lang geübt haben, lernen Sie sich selbst wieder neu kennen.

Gefühle können wir nicht beeinflussen. Denken können wir alles, fühlen nicht. Für mich sind Gefühle in dem Sinne Wegweiser. Jedes dieser fünf Gefühle trägt eine besondere Kraft in sich. Machen Sie sich diese zunutze.

Ich freue mich, wenn Sie mit diesen Anleitungen die Gefühle wieder neu entdecken.

Die Kraft der Trauer erfahren

Die Trauer hat die Form einer Kugel. Diese Darstellung entspricht der eigentlichen Idealform. So sehe ich die Trauer, wenn sie vom jeweiligen Menschen völlig angenommen ist. Bei ganz kleinen Kindern sieht sie meistens so aus. Bei Erwachsenen hat sie eher die Form eines Tintenfisches, bei dem die Arme die Ursachen symbolisieren, die sie ihrer Trauer zuschreiben. Wenn man anderen Menschen oder bestimmten Situationen die Schuld für seine Trauer gibt, hängt sie wie fest daran. Jedes Mal, wenn man dieser Ursache erneut begegnet, wird dieser Arm aktiviert – zu erkennen am Blau, das zu leuchten beginnt –, und man ist wieder traurig. Dies wird als Leiden oder Schmerz in der Trauer empfunden.

Um diese Arme zu lösen, muss man direkt mit dem Gefühl arbeiten. Alleiniges Sprechen über die Ursache hilft wenig. Das

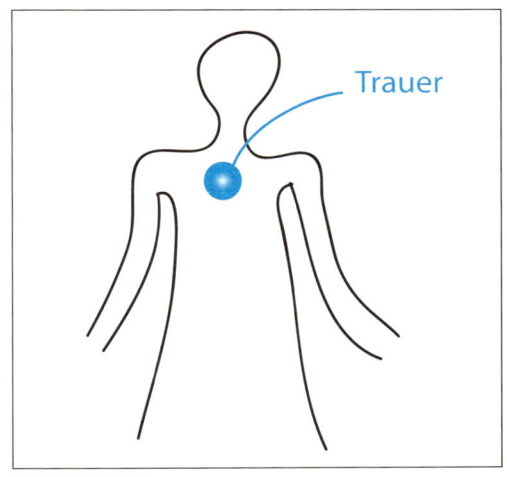

Der »Sitz« der Trauer

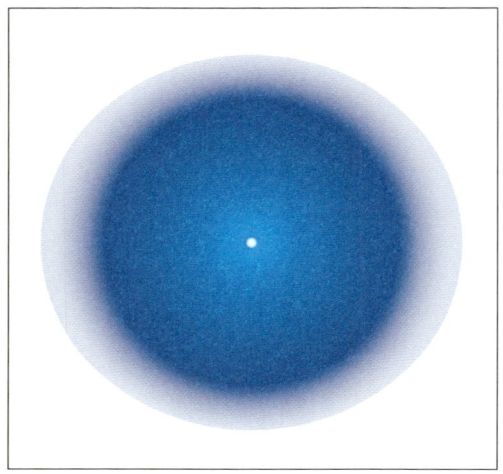

Trauer hat in ihrer Idealform das Aussehen einer Kugel. Der weiße Punkt symbolisiert den »Sitz« der Trauer.

wurde mir klar, nachdem viele bei mir Hilfe suchenden Menschen erzählten, dass sie nach einer Leidenserfahrung über eine lange Zeit alles mögliche probierten, auch ausgiebig über das Problem sprachen und versuchten dieses anzunehmen – das Leiden aber blieb bestehen.

Ich begann die Arme dieses Tintenfisches genau zu untersuchen, um herauszufinden, wieso diese bestehen bleiben und wie man sie lösen kann. Dabei entdeckte ich Abwehrmechanismen, die dafür sorgen, dass ein solcher Arm verbleibt, weil es die betreffende Person so will. (s. dazu auch das Praxisbeispiel auf Seite 38)

Ich schätze, dass bei rund 70 Prozent der Fälle ein Gefühl als Ursache hinter dem Schmerz liegt. Sehr häufig finde ich diese Problematik bei Polyarthritis und anderen rheumatischen Erkrankungen. Vielfach ist auch ein Zeichen dafür, dass ein Gefühl hinter dem Schmerz liegt, wenn Schmerztabletten keinen Effekt haben.

Die Trauer liegt zwar im Bereich der Lunge, aber das bedeutet nicht, dass Lungenerkrankungen in jedem Fall etwas mit Trauer zu tun haben müssen. Und da Trauer sich wie alle Gefühle verschieben lässt, kann diese Emotion an jeder Körperstelle einen

Schmerz auslösen. Ich möchte meine Erfahrungen aber nicht in generelle Regeln umsetzen. Natürlich sehe ich mir bei einem Lungenproblem die Trauer an. Aber ich lasse es offen, bis ich alles wahrgenommen habe.

Gleichwohl können Organe oder Körperregionen in unmittelbarer Nähe des Gefühlssitzes betroffen

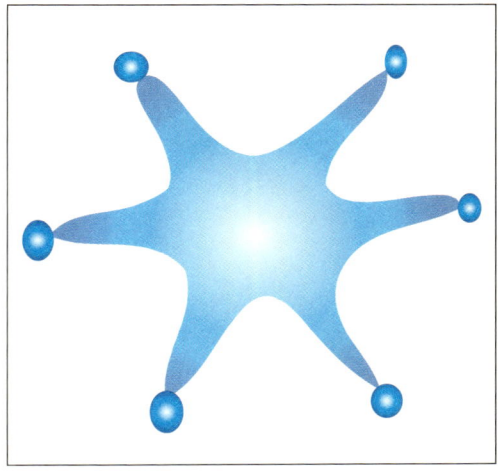

Bei Erwachsenen hat Trauer meist die Form eines »Tintenfisches«.

sein: Beim Gefühl der Liebe leidet häufig das Herz mit. Die Eifersucht verursacht oft ein seitliches Stechen im Körper. Dies hat aber selten etwas mit den Nieren zu tun, die sich in dieser Region befinden. Bei unterdrückter Wut hingegen stelle ich häufig fest, dass das Verdauungssystem Mühe bekommt. Dieses Gefühl braucht generell mehr Kraft von der Psyche als die Trauer, um es zu unterdrücken, weil Wut auch dazu dient, uns Kraft zu geben, sollten wir uns verteidigen müssen. Die Kraft wird vom Gefühl immer zur Verfügung gestellt, auch wenn wir uns nicht in einer körperlich gefährlichen Situation befinden. Deswegen kann man nach einem Wutanfall, den man zu unterdrücken versuchte, so richtig erschöpft sein. Tut man dies häufig, nimmt die Psyche auch Kräfte der jeweiligen Körperregion, um mit der Unterdrückung erfolgreich sein zu können. Dann steht dem Darm für seine Arbeit unter Umständen

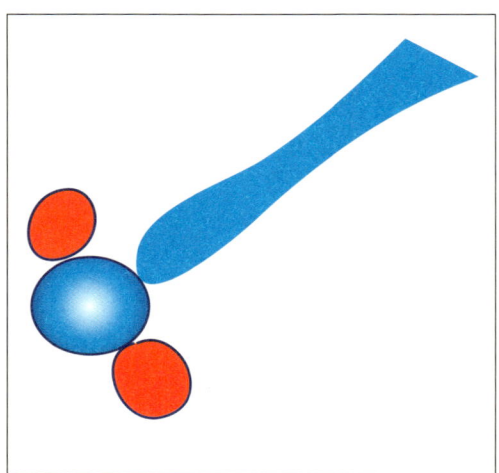

plötzlich zu wenig Energie zur Verfügung, und dadurch wird die Verdauung erschwert.

Die Beschwerden sind sehr variabel, aber man sollte dies miteinbeziehen. Umgekehrt geht es auch: Wenn man Beschwerden hat mit der Verdauung, kann die Arbeit mit dem Gefühl Wut helfen, weil es soviel Kraft in sich trägt. Dies sollte mit »neutraler Wut«

Bei diesem Arm des »Tintenfisches« ist die Trauer verbunden mit einer bestimmten Ursache (blaue Kugel) und zwei Abwehrmechanismen (rote Kugeln), die die Ursache »hüten«.

geschehen. Wie dies geschehen kann, erkläre ich im Übungsteil.

Schuldgefühle und Trauer

Schuldgefühle sind meist mit Trauer verbunden. Fühlt man sich schuldig, weil man jemandem nicht helfen konnte, bedeutet dies eigentlich, dass man traurig ist, weil das nicht möglich war. Das nehme ich wahr als einen »Tropfen« Trauer und damit verbundenen bestimmten Gedanken, die über diesem Tropfen liegen.

In ein Schuldgefühl können noch andere Gefühle wie beispielsweise Liebe oder Wut vermischt sein. Man kann sich schuldig fühlen, weil man wütend geworden ist. Dann liegen je ein Tropfen Trauer und Wut zusammen, verbunden mit Gedanken. Es passiert auch oft, dass ein oder mehrere Tropfen Trauer am Sitz der Wut feststecken. In diesem Fall wird der Betreffende jedes Mal auch traurig, wenn sich die Wut aktiviert. Ich sehe das, indem die rote Kugel zu leuchten beginnt und die sich darin befindenden blauen Tropfen mitleuchten. Bei Schuldgefühlen ist es also wichtig herauszufinden, wo sie liegen, um sie von dort aus zum Sitz der Trauer zurück zu verschieben. Dann werden sie leichter. Es kann sein, dass die Gedanken bleiben. Die dürfen bleiben, denn der Versuch, sich selbst etwas auszureden, nützt wenig.

Wenn zum Beispiel Eltern sich schuldig fühlen, weil mit ihren Kindern etwas nicht in Ordnung ist, so ist das völlig normal. Man macht sich als Eltern in einem gewissen Maß immer Vorwürfe, sogar wenn man weiß, dass man nicht schuld ist. Da hilft gar nichts. In diesem Fall ist es gut, einfach anzunehmen, dass man sich schuldig fühlt und traurig ist. Das erleichtert sehr und man leidet unter den Schuldgefühlen nicht mehr so stark.

Häufig liegen Schuldgefühle im Gefühl der Liebe und blockieren dort die Schwingungen dieser Emotion, so dass man Mühe hat, die Liebe zu spüren. Auch in diesem Fall sollten die Schuldgefühle wieder zur Trauer zurück verschoben werden.

Auch Schamgefühle sind meistens mit Trauer verbunden, zusammen mit bestimmten Gedanken und unter Umständen noch mit einem weiteren Gefühl. Hierbei schlage ich denselben Weg zur Lösung vor wie bei den Schuldgefühlen.

Praxisbeispiel zum Gefühl der Trauer

Eine Frau kam zu mir, weil sie Schmerzen in den Händen und im Schulterbereich hatte. Es handelte sich um starke Schmerzen, die sie daran hinderten, ihre alltägliche Arbeit zu machen. Eine physische Ursache konnte nicht gefunden werden. Ich nahm wahr, dass die »Trauer-Kugel« einen großen »Arm« hatte. Das Ende dieses Armes befand sich nahe beim Schultergelenk, und dort war eine zweite große Kugel mit zwei danebenstehenden Abwehrmechanismen. In den Händen der Frau sah ich viele einzelne »Tropfen« Trauer und Wut. Dies zeigte mir, dass die Ursache für die Trauer bei der Frau andauerte und deshalb so stark fest hing. Sie versuchte vor dem Besuch bei mir schon mehrmals Verbesserung in die Situation zu bringen – ohne Erfolg. Die Trauer – oder der seelische Schmerz – begann sich mit der Zeit als körperlichen Schmerz zu zeigen.

Die persönliche Situation der Frau war folgende: Sie heiratete vor langer Zeit, wurde aber von ihrer Schwiegermutter nie akzeptiert. Ihr Mann pflegte weiterhin eine gute Beziehung mit seiner Mutter. Deswegen sah sie die Schwiegermutter häufig. So bemühte sie sich auch lange Zeit sehr um eine Annahme, jedoch vergebens. Diese ließ sie immer sehr deutlich spüren, dass sie nur geduldet war. Sie akzeptierte ihre Schwiegertochter nicht, weil sie ihr nicht gut genug war.

Meine Arbeit mit der Frau war sehr komplex, deshalb schildere ich hier Schritt für Schritt, wie ich in einer solchen Situation vorgehe. Ich ging zunächst nicht auf die Ursache ein. Das ist wichtig, weil die Person früher diesen andauernden Schmerz der Ablehnung nicht mehr ertragen konnte und das Bewusstsein entschieden hatte, ihn zu ignorieren. Die Frau versuchte zu denken, dass es ihr nichts ausmacht – das ist der Mechanismus hinter der Verschiebung. Wenn ich daher begonnen hätte, mit der tatsächlichen Ursache zu arbeiten, hätten sich diese zwei Abwehrmechanismen aktiviert, die dafür sorgten, dass die Frau den Schmerz nicht mehr spürt. Man kommt also über die tatsächliche Ursache der Trauer meistens nicht mehr an die eigentliche Trauer heran, weil genau dieses jahrelang verhindert wurde.

Deshalb suchte ich nach Wegen, die Trauer zu aktivieren, um sie wieder zurückschieben zu können. So kam ich auf »neutrale« Beispiele, die ich dazu anwenden kann. Bei dem Gefühl der Trauer nenne ich dies dementsprechend »neutrale Trauer«. Das ist mein Begriff für etwas, das traurig ist, die betreffende Person aber nicht traurig macht. Trauer ist nämlich einfach Trauer, und die Kugel leuchtet, unabhängig davon, wodurch sie aktiviert wird. Ob wir jetzt trauern über eigene Erfahrungen oder mitfühlen bei anderen Ursachen, es wird immer dasselbe Gefühl aktiviert. Deswegen müssen wir nicht mit den eigentlichen Ursachen arbeiten, oder nur begrenzt. Es ist auch nicht notwendig, das ganze Trauma noch einmal zu durchleben, das gilt sogar für ganz schwere Traumata.

Nun sprach ich mit der Frau über das Trauergefühl. Ich erklärte, dass diese Emotion in der Brustregion sitzt und dass Trauer immer ein Teil von uns ist. Niemand kann uns traurig machen, sondern unsere eigene Trauer reagiert auf bestimmte Situationen. Dies ist wichtig zu wissen, denn dadurch wird die Angst vor der Trauer abgebaut und das wirkt befreiend. Die Wahrnehmung, von außen kontrolliert zu werden, wird somit weniger stark empfunden. Der Satz: »Meine Trauer reagiert auf diesen Menschen«, klingt ganz anders als: »Dieser Mensch macht mich traurig«. Die Situation bleibt zwar dieselbe und die Menge der Trauer auch, aber man fühlt sich nicht mehr so hilflos und ausgeliefert.

Ich erläuterte ihr auch den Mechanismus des »Tintenfischs«. Und wies auf die Wichtigkeit hin, die Trauer als eine der fünf zu uns gehörenden Emotionen anzunehmen. Trauer kann auch ein angenehmes Gefühl sein, wenn wir es ganz zulassen. Dazu erwähne ich häufig das Beispiel des traurigen Films, den man sich im Fernsehen ansieht: man ist dabei sehr traurig und weint vielleicht auch, aber man leidet nicht darunter. Dies kommt dem Konzept der »neutralen Trauer« sehr nahe.

Um das spürbar zu machen, arbeitete ich mit der Frau mit der neutralen Trauer. Ich bat sie an etwas zu denken, das sie zwar traurig findet, sie aber nicht traurig macht. Auf diese Weise spürt man die energetische Anwesenheit von Trauer, ohne dass man tatsächlich traurig wird. Wenn die Trauer in »gutem Zustand« ist, nimmt man sie als Wärme wahr. Wenn sie verdrängt oder verschoben ist, spürt man zwar auch Wärme, aber viel weniger; und häufig empfindet man eher einen Druck, ein Ziehen oder eine Spannung, oder manchmal auch Schmerz.

Ich helfe jeweils, ein gutes Beispiel zu finden. Es darf keines aus dem persönlichen Leben sein. Als ideal erweisen sich die Nachrichten. Kriegerische Ereignisse sind meist weit weg vom eigenen Leben, aber dennoch so, dass man sie sehr traurig findet. Wenn das richtige Beispiel gefunden ist, kann ich »sehen«, wie die Trauer an ihrem Sitz zu leuchten beginnt. Nach und nach tun dies auch die verdrängten »Stückchen«. Sobald der verdrängte Teil leuchtet, spürt die Person eine Erleichterung, und es wird ihr wärmer. Häufig wird sie dabei auch für kurze Zeit traurig. Das ist der Moment, indem die Trauer als Ganzes angenommen wird.

Die Trauer ist also aufgeteilt, obwohl sie eigentlich eins ist. Dies kommt daher, weil wir bestimmte Trauer-Empfindungen bestimmten Ursachen zuschreiben, und wir dann nicht mehr dazu stehen, dass dies von uns kommt und nicht von außen verursacht wurde. Meine Arbeit besteht dann darin, die einzelnen Teile der Trauer wieder zusammenzufügen. Der erste Schritt dazu ist, alle Teile zum Leuchten zu bringen.

Auch die Frau spürte zu dem Zeitpunkt die größere Wärme im Brustbereich, in ihren Händen jedoch nahm der Schmerz zu. Die einzelnen »Tropfen« begannen ebenfalls zu leuchten. Es war, als ob ihr Körper ihr mitteilen wollte, dass dort auch noch etwas ist. Ich erklärte ihr, dass der Schmerz in den Händen ebenfalls Trauer ist. Daraufhin erzählte sie mir, dass es sie traurig macht, weil sie so vieles versuchte, um der Schwiegermutter zu gefallen. Sie habe sich bei Einladungen und insbesondere mit dem Kochen immer sehr Mühe gegeben, aber die Schwiegermutter habe jeweils kaum gegessen. Nun könnte man sagen, die Hände sind traurig, weil die ganze Mühe nichts nützte, aber die Hände können ja nichts dafür. Es ist vielmehr so: Die Frau wertete sich selbst zu stark ab, und damit auch ihre Hände.

Anschließend sprachen wir darüber, dass sie die Unmöglichkeit der Verbesserung ihrer Situation sowie den Umstand, dass dies sie traurig macht, annehmen soll. Der nächste Schritt war, die Trauer-Tropfen wieder an ihren ursprünglichen Ort zurück zu bringen. Dazu bat ich die Frau, wieder an ihr Beispiel der »neutralen« Trauer zu denken und sich dann vorzustellen, wie sich die einzelnen Tropfen langsam nach oben bewegen. Zuerst taten dies nur ein paar. Sofort aber verschob sich auch ihr Schmerz. In dem Moment wurde ihr klar, dass sie das kann.

Für die meisten Menschen, denen ich dieses Vorgehen erkläre, ist das etwas völlig neues. Deshalb haben sie oft auch Mühe, sich das vorzustellen. Zwei Dinge sind wichtig: erstens, selbst zu spüren, dass Trauer sich tatsächlich angenehm warm anfühlen kann, und zweitens, die Wahrnehmung, dass der Schmerz sich verschoben hat.

Nach weiteren fünfzehn Minuten hatte die Frau auch die anderen Tropfen an ihren Bestimmungsort zurück verschoben. Anschließend verschoben wir die Wut-Tropfen auf die gleiche Art zurück in die Bauchregion zum Sitz der Wut.

Dieser Fall ist ein gutes Beispiel für Selbstheilung und für den Anteil, den ich dabei habe. Nicht ich verschiebe die Gefühle meiner Klienten. Das macht keinen Sinn, der

Schmerz würde kurz darauf zurückkehren, weil die Botschaft vom Körper nicht verstanden worden wäre.

Nach der Sitzung mit der Frau waren die Schmerzen in den Händen und im Schulterbereich verschwunden. Beim nächsten Essen mit der Schwiegermutter tauchten sie in den Händen zwar wieder auf. Die Frau kannte aber nun den Grund, und so gelang es ihr auch sofort, die Trauer wieder bewusst anzunehmen und die Trauer-Tropfen zurückzuverschieben.

Ein halbes Jahr später befand sie sich immer noch in der gleichen Situation, aber sie fügte ihr kein Leiden und keine Schmerzen mehr zu, da sie ihre Trauer und die Hilflosigkeit in der Situation angenommen hatte.

Dieses Praxisbeispiel zeigt sehr gut, wie mit einer Anleitung Selbstheilung geschehen kann. Ich sehe zwar, welche Gefühle hinter bestimmten Beschwerden liegen – das vereinfacht die ganze Situation –, und ich kann unterstützen, indem ich helfe, die Gefühle zu aktivieren. Aber die Verschiebungen muss die betreffende Person selbst verwirklichen, damit der Lernprozess stattfinden kann und der Körper bei der nächsten Situation entsprechend reagiert.

Übung mit dem Gefühl der Trauer

Wenn Sie üben möchten, das Gefühl der Trauer wahrzunehmen, denken Sie am besten an etwas »neutrales« Trauriges (wie im Praxisbeispiel erwähnt) und bitten eine weitere Person, dasselbe zu tun. Falls es Ihnen schwer fällt, sich eine neutrale Trauer vorzustellen, gebe ich hier einige Beispiele, die sich dafür eignen und die ich auch in meinen Kursen immer wieder benutze: Die Ermordung von John Lennon oder Präsident Kennedy. Beides ist sehr traurig, aber eben sehr weit weg von unserem Alltag. Auch der Krieg ist ein Beispiel, aber nur, wenn Sie sich nicht täglich damit beschäftigen. Mit diesen Hinweisen finden Sie sicher weitere geeignete Möglichkeiten zum Üben.

Daraufhin führen Sie die Hand in einer Distanz von etwa 10 bis 15 cm am Körper des Übungs-Partners entlang. Dort, wo Sie Wärme spüren, »sitzt« Trauer. So können Sie den ganzen Körper erspüren. Überall, wo Sie Wärme wahrnehmen, können Sie davon ausgehen, dass sich dort Trauer befindet.

Um dies bei Ihnen selbst wahrnehmen zu können, müssen Sie sich auf Ihren Körper konzentrieren und fühlen, wo Sie etwas spüren. Der Versuch mit der Hand ist am eigenen Körper sehr schwierig.

Wenn Sie diese Übung zu zweit machen und nachher vergleichen, gibt es meistens Orte, die übereinstimmen und Orte, die nicht übereinstimmen. Wie genau Sie bei der anderen Person Trauer wahrnehmen, hängt von Ihren eigenen Frequenzen der Trauer ab. Je mehr Sie selbst Trauer als Gefühl annehmen, desto genauer spüren Sie beim anderen.

Oder anders erklärt: Person A wird die verdrängten Anteile von Person B meistens besser wahrnehmen als Person B selbst. Wenn Person B ein gutes Bild von ihrer eigenen Trauer haben möchte, sollte sie die Wahrnehmungen von sich selbst und diejenigen von Person A zusammenfügen. So liegt man selten falsch, während einzelne Trauer-Tropfen hingegen leicht übersehen werden können.

Die Kraft der Trauer liegt im Verbundensein mit allem. Mit allen Dingen, allen Menschen, der ganzen Welt und noch darüber hinaus. Von der Trauer können Sie getragen werden in der eigenen Trauer. Wenn Sie dieses Gefühl zulassen und es seine ursprüngliche Form – die einer Kugel – wieder hat, erleben Sie eine Tiefe wie nie zuvor.

Was Trauer an Kräfte in sich trägt, wird nicht so häufig sichtbar, man hört aber immer wieder davon, wie ein schweres Schicksal einem Menschen neue Kraft geben kann. Oft werden Organisationen aufgebaut von Opfern, die anderen helfen wollen, um nur etwas zu nennen.

Die Liebe strahlen lassen

Alles ist Liebe – Liebe ist alles. Ich möchte hier aber weder die Liebe definieren – das kann man gar nicht –, noch auf religiöse oder philosophische Aspekte der Liebe hinweisen, sondern auf alltägliche Probleme im Zusammenhang mit dieser Emotion eingehen und Lösungswege aufzeigen.

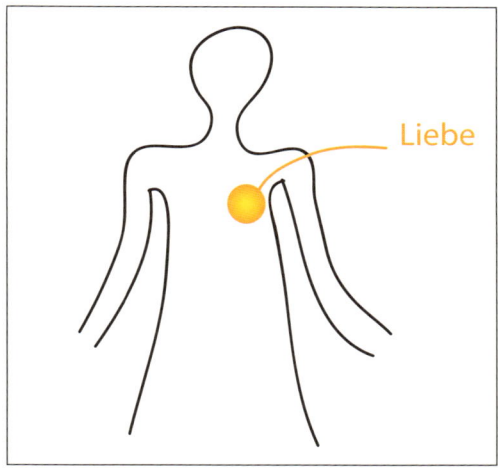

Der »Sitz« der Liebe

Das Gefühl der Liebe »sitzt« in der Herzregion. Ich nehme es wahr wie eine große gelbe, strahlende Kugel. Wenn diese Kugel intakt ist, strahlt sie rund fünf Meter weit nach außen. Diese Strahlen sind für mich sichtbar. Ihre Länge haben für mich eine Bedeutung und ebenso, ob sie von der ganzen Oberfläche der Kugel abstrahlen.

Eigentlich sind wir alle immer in Liebe miteinander verbunden, aber wir nehmen es nicht mehr wahr. In meiner alltäglichen Arbeit mit Menschen, die sich mit der Welt oder anderen

Menschen nicht verbunden fühlen – auch nicht mit sich selbst –, merkte ich, dass eine Aussage oder Affirmation wie beispielsweise »ich bin trotzdem mit allem verbunden, auch wenn ich es nicht spüre«, so gut wie keine Hilfe für die Betroffenen ist. Ich konnte oft kaum was tun, damit eine solche Person sich wieder besser fühlt. Deswegen befasste ich mich eingehender damit, ich wollte einen praktischen Weg finden, wie man diese Verbundenheit wieder fühlen kann.

Die Länge der Strahlen spielt dabei eine wichtige Rolle, deshalb gehe ich im Folgenden näher darauf ein. Die genannte ideale Länge von ungefähr fünf Meter ist ein Richtwert von mir, die Liebe ist unabhängig von Raum und Zeit. Wenn man einen Menschen liebt, reicht diese Liebe bis zu ihm hin, unabhängig davon, wie weit er von einem entfernt ist. Dies führt zu dem Gefühl des miteinander Verbundenseins. Im Verlauf meines Nachforschens bemerkte ich, dass die Strahlen kürzer sind, wenn die Menschen diese Verbindung zu anderen nicht mehr spüren können.

Die Selbstliebe

In meiner Arbeit unterteile ich das Gefühl der Liebe in die Selbstliebe, die Liebe zu anderen Menschen und die Liebe zum Göttlichen. Dies dient mir in der Praxis, ist aber in der Kugel selbst in dem Sinne nicht sichtbar. Um Unterscheidungen machen zu können, beobachte ich vor allem genau, wo die Strahlen hingehen. Wenn zum Beispiel die Selbstliebe kleiner ist als die Liebe zu anderen Menschen, dann führen die Strahlen stärker nach aussen und weniger nach innen zum eigenen Körper.

Eine wichtige Feststellung ist, dass die Kugel einen Resonanzkörper darstellt. Ein einfaches praktisches Beispiel zur Selbstliebe veranschaulicht bildlich, was damit gemeint ist: Stellen Sie sich eine Glühbirne vor, aber etwa so groß wie das Rad eines Traktors. Wenn Sie beispielsweise denken, »ich mag mich nicht, wie ich aussehe«, kleben Sie in dem Moment einen kleinen schwarzen,

So sieht – bildlich vereinfacht dargestellt – die Kugel des Glücks mit den Strahlen aus, wenn sie intakt ist: Die Strahlen kommen alle gleichmäßig aus der Kugel heraus. In der Realität strahlt es natürlich viel weiter als hier in der Illustration.

lichtundurchlässigen Plastikkleber, einen »Sticker«, auf die Glühbirne. Die Strahlen bleiben so zwar alle gleich lang, aber dort, wo der Sticker ist, kann der Strahl nicht nach außen. Machen Sie das eine Zeit lang, ist die Glühbirne zugeklebt. Ich schildere dies hier stark vereinfacht. Meistens werden nämlich andauernd Sticker aufgeklebt und andere wieder weggenommen, je nachdem, was man denkt.

Was passiert nun? Schon wenn die Glühbirne zur Hälfte zugeklebt ist, fühlt sich das ziemlich unangenehm an. Man hat nicht unbedingt körperliche Symptome, aber es geht einem nicht gut und es macht auch müde. Denn es braucht sehr viel Kraft, die Strahlen mit diesen Stickern zurückzuhalten. Häufig wird dazu die Energie des Geistes eingesetzt, weil meistens das Idealbild – wie man glaubt, denken zu müssen – dort angesiedelt ist. Vorwiegend wird gleichzeitig das Ego bekämpft, da dieses ständig bewertet. So fehlt einem eine Menge an geistiger Energie. Das wirkt sich auch auf die Konzentrationsfähigkeit aus, etwa bei der Arbeit. Man kann generell Mühe haben, sich längere Zeit auf etwas zu konzentrieren. Es ist etwa so, als ob man an einer Grippe leidet, ohne jedoch wirklich eine Grippe zu haben.

Das Licht ist nach wie vor unverändert da, aber da so viele Sticker kleben, spürt man es weniger. Kommt nun jemand und sagt: »Du siehst heute aber toll aus«, treffen die Strahlen dieser Person auf die Sticker statt auf die eigenen Strahlen. So glaubt man ihr nicht, weil man in sich keine Resonanz spürt. Man denkt dann höchstens: die sagt das nur aus Höflichkeit. Wie wir aus dem Kapitel »Geist und Ego« wissen, geht es hierbei nicht nur um die Aussage, dass man sich nicht mag. Die meisten sind sich dieser »negativen« Gedanken bewusst und haben deswegen erst recht ein schlechtes Gewissen, und das sorgt für noch viel mehr Sticker auf der Glühbirne … Doch es gäbe keine Sticker, wenn man diesen Gedanken liebevoll annehmen könnte. In diesem Fall wäre es kein »negativer« Gedanke mehr, sondern ein »positiver«.

Diese Bewertungen der Gedanken machen wir selbst, und die Gedanken lassen sich kaum steuern. Häufig sagen mir Menschen, dass sie sich hassen, weil sie es nicht schaffen, mit diesen negativen Gedanken aufzuhören, und dass sie es nicht fertig bringen, sich selbst zu lieben und so weiter.

Einige versuchen mit Meditieren ihre Gedanken zum Schweigen zu bringen, was auch funktioniert. Es ist aber je nachdem ziemlich anstrengend, und vielen Menschen gelingt dies auch nur für die Zeit während der Meditation. Sind sie wieder im stressigen Alltag, beginnen sie meistens von neuem an das Übliche zu denken. Aus diesen Gründen empfehle ich, die Gedanken liebevoll denken zu lassen, was sie wollen, ohne sich darüber aufzuregen. Dann entsteht kein innerer Widerstand mehr gegen

Spürt man die Strahlen oder die Wärme nicht mehr, zeigt sich dieses Bild: Die Strahlen haben sich in die Kugel zurückgezogen.

die eigenen Gedanken, die mit der Zeit auch kooperativer werden, um es etwas frei auszudrücken. Falls man gerne meditieren und in die Stille gehen möchte, kann man die Gedanken einfach darum bitten, kurz aufzuhören – ohne jegliche Anstrengung anzuwenden.

Bei diesen inneren Konflikten geht es also meistens um eine Auseinandersetzung zwischen einem geistigen Idealbild und den Gedanken des Egos. Vielfach kommt noch das Gefühl von Trauer hinzu, das sich vermischt mit dem der Liebe, da man über sich selbst traurig ist. Auf das oben genannte bildliche Beispiel bezogen sähe das aus, als ob in der Glühbirne eine kleine Wolke wäre. In einem solchen Fall arbeite ich zuerst mit der Trauer. Ich leite die Person an, die Trauer zu spüren und anschließend die Liebe.

Dauern diese inneren Konflikte über längere Zeit, kann Hass entstehen. Man hasst sich selbst oder andere. Ich erkläre solchen Menschen, dass Hass zur Liebe gehört und ebenso im Herzen sitzt. Für mich ist Hass ebenso Liebe, genauer gesagt, abgelehnte Liebe. Hass fühlt sich kalt an – man spürt nur noch die aufgeklebten Sticker, um beim Glühbirne-Beispiel zu bleiben, und nicht mehr die Wärme, die darunter liegt.

Das Vorgehen sieht dann in etwa so aus: Ich bitte die Person, erst einmal dazu zu stehen, dass sie sich selbst hasst. So spürt sie meistens diese Kälte. Daraufhin motiviere ich sie, diesen Teil von sich, der eben so gerne »negativ« denkt, zu lieben. Bei den meisten wird es dann plötzlich ganz warm im Herzen.

Die Liebe zu anderen Menschen

Bei der »Liebe zu anderen Menschen« geht es darum, wie man sie »anstrahlt«. In diesem Zusammenhang ist das »Loslassen« ein wichtiges Thema. Bei Trennungen – welcher Art auch immer – kommt häufig der Gedanke, dass man jetzt diesen Menschen loslassen müsse. Wenn zum Beispiel die Kinder ausziehen, sich daraufhin nicht mehr so häufig melden und nicht auf Besuch kommen, fühlt man sich deswegen traurig und denkt: Ich muss meinen Sohn, meine Tochter mehr loslassen. Meistens fühlt man sich jedoch noch schlechter dabei.

Ich werde immer wieder auf dieses »Loslassen« angesprochen und gefragt, ob das nötig sei. Es kommt darauf an, wie das gemeint ist. Von der geistigen Perspektive her gesehen gibt es kein Loslassen, weil wir alle immer miteinander verbunden sind. Solche Loslass-Versuche sind in jedem Fall sehr anstrengend. Und bei den meisten verkürzen sich dabei die Strahlen. Deshalb mache ich mit diesen Menschen oft die »Strahlen«-Übung (s. Übungsteil Seite 59). Es braucht wenig, und häufig spüren sie sehr schnell eine Erleichterung. Und die Verbindung zum anderen Menschen nehmen sie auch wieder wahr.

Wenn ein geliebter Mensch stirbt, denken viele ebenso, dass sie ihn loslassen müssten. Frage ich nach, wie sie das meinen, kommt häufig die Antwort, dass sie Angst haben, den Verstorbenen hier auf der Erde festzuhalten und er dann nicht weiter gehen könne. So etwas ist nicht möglich. Jeder kann mit dem Tod auf seine eigene Art umgehen. Möchte man die persönlichen Gegenstände eines Verstorbenen wegwerfen, ist das ok; möchte man sie behalten und nichts verändern, um damit sehr häufig an diesen Menschen denken zu können, ist das genauso gut. Die Welt der Verstorbenen ist nicht eine andere als die unsere. Wir nehmen es nur so wahr, weil wir sie nicht »sehen« können. Auch in diesen Fällen übe ich mit den Menschen das »Strahlen«, weil sie diese meistens zurückgezogen haben.

Bei Trennungen und Scheidungen geschieht dies ebenfalls oft. Wenn man verlassen wird, hört die Liebe deswegen nicht auf. Hierbei ist einfach wichtig, die Handlungsebene von der Gefühlsebene zu trennen. Wohnt man nicht mehr im gleichen Haus oder ist wütend aufeinander, wird die Liebe deswegen nicht kleiner. Man wünscht sich das zwar häufig oder will den anderen Menschen nicht mehr lieben. Doch dies sind alles Gedanken, die auf das Gefühl selbst keinen Einfluss haben. Außer man strahlt weniger. Und dann leidet man darunter und hat Mühe, eine neue Beziehung aufzubauen. Hier hilft dieselbe Übung. Es gilt, den anderen Menschen wieder anzustrahlen.

Dabei spielt es keine Rolle, wo sich diese Person gerade befindet, man muss es sich nur in Gedanken vorstellen.

Ähnlich bei einer Beziehung, in der man verbal verletzt wird. Viele reagieren mit dem Zurückziehen der Strahlen, in der Hoffnung, weniger Trauer zu empfinden. Doch es ist hier genau dasselbe, es wird meistens nur noch schlimmer, weil man den Partner nicht mehr so gut spürt. Zudem steigert sich die Angst, nicht mehr geliebt zu werden, und die Traurigkeit wird größer. Auch hier hilft die Strahlen-Übung und das Annehmen der Trauer.

Bei vielen schwereren Depressionen ist es sogar so, dass die Strahlen komplett aufhörten, nach außen zu dringen. Die Selbstliebe, die Liebe zu anderen Menschen und zur Welt wurden auf ein Minimum reduziert. Dies ist mit einem enormen Kraftaufwand verbunden. Die »Batterien« sind praktisch leer, weil man die Kraft gegen sich selbst einsetzt.

Die Liebe strahlt eigentlich ständig von ganz alleine, und es braucht immer einen gewissen Kraftaufwand, wenn man das willentlich ändert. Parallel dazu wird die Trauer verdrängt, und es resultiert ein Kampf mit den eigenen Gedanken. Zunächst kann man noch eine gewisse Zeit funktionieren, bis auch die letzten Kräfte aufgebraucht sind. Darauf folgt häufig ein kompletter Zusammenbruch, mit oder ohne körperliche Symptome.

Es können sich beispielsweise Schmerzen in der Herzregion manifestieren, so dass man glaubt, man habe etwas mit dem Herzen. Bei einer ärztlichen Untersuchung wird aber nichts gefunden. Das ist oft schwer zu akzeptieren, da die Schmerzen tatsächlich sehr stark sein können. Auch eine völlige Erschöpfung kann daraus hervorgehen.

Die Liebe zum Göttlichen

Bei der Liebe zum Göttlichen sollte jeder für sich selbst entscheiden, wie er »üben« möchte. Da gibt es je nach Religion verschiedene Vorstellungen und Wege. Weil Menschen aus allen Glaubensrichtungen zu mir kommen, kann und will ich keine spezifischen Übungs-Beispiele hierfür geben. Das einzige, was ich raten möchte, ist, darauf zu achten, dass die Liebe in beiden Richtungen gleich viel strahlt. Viele »schicken« Liebe zum Göttlichen hin, aber gleichzeitig bereitet es ihnen Mühe zu glauben, dass sie gleich viel zurückbekommen.

Praxisbeispiel zum Gefühl der Liebe

Eine Mutter suchte mich auf, weil ihre Tochter drogenabhängig geworden war. Es ging ihr sehr schlecht, sie fühlte sich schuldig und wusste nicht, wie sie mit diesen Gefühlen umgehen sollte. Sie hatte große Angst um ihre Tochter und das Gefühl, sie nicht mehr zu spüren. Bei diesem Fall gilt es mehrere Aspekte zu beachten: die Gedanken, die Trauer und die Liebe. Im Folgenden schildere ich den Verlauf des Gesprächs und die Maßnahmen, die getroffen wurden, um eine Besserung zu erreichen, die dann auch eingetreten ist. Die Mutter beschäftigte sich schon ein wenig mit der spirituellen Sichtweise und konnte daher vom Verstand her erkennen, dass ihre Tochter diesen Weg wählte. Sie wurde jedoch die Gedanken, eine Schuld an der Drogensucht zu tragen, nicht los.

Geist und Ego »denken« darüber unterschiedlich. Weil das Ego den größeren Rahmen der Dinge nicht wahrnehmen kann, denkt es, dass es die Schuld trägt. Das Ego ist gewohnt, die Welt zu organisieren und mit Dingen umzugehen, die es kontrollieren kann. Diese Denkensart wird dann von der Person auch in Bezug auf die Kinder angewandt, als ob man sie kontrollieren könnte. Von der geistigen Perspektive her gesehen, geht jeder Mensch seinen eigenen Weg. Man kann eigentlich nichts tun, um ihn von etwas abzubringen. Der Geist bewertet diese Vielfalt an Erfahrungsmöglichkeiten, die uns zur Verfügung stehen, nicht. Jede Erfahrung ist gleichwertig.

Die Frau wusste einiges darüber, verstand aber nicht, weshalb sie sich schuldig fühlte. So half ich ihr zuerst, dies aus der Ego-Perspektive anzusehen und diese Gedanken – das Sich-schuldig-fühlen – anzunehmen und als Trauer zu spüren. Dann bat ich sie, immer noch aus der Ego-Perspektive heraus, nachzudenken und alle diese Gedanken darüber, dass sie es hätte besser machen müssen, zuzulassen. Dabei empfand sie das Schuldgefühl sehr stark, wie eine Art von Schmerz in Herznähe. Auch die Atmung fiel ihr schwerer und sie spürte ein Druckgefühl in der Brustregion.

Ich erzählte ihr, dass Eltern sich aus der Sicht des Egos immer schuldig fühlen, wenn ihre Kinder Probleme haben oder leiden. Das ist völlig normal und sehr menschlich, egal, wie alt die Kinder sind. Sie möchten nie, dass die eigenen Kinder leiden und dass ihnen etwas zustößt usw. Das sind alles ganz normale Gedanken, die man annehmen kann.

Schließlich berichtete die Frau von ihrer inneren Verzweiflung und den Befürchtungen, nichts tun zu können, um ihrer Tochter zu helfen. Das Gefühl dieser großen

Hilflosigkeit sei so schwer zu ertragen und sie habe Angst, eine schlechte Mutter zu sein. Es war wichtig, diese Gedanken zuzulassen, denn dies waren die Kerngedanken – das, was sie wirklich dachte, aber möglichst versuchte, nicht zu denken.

Ich bat sie nun, die Hilflosigkeit zu spüren und dabei darauf zu achten, wo sie sie im Körper lokalisieren könne. Sie nahm sie sowohl in der Herzregion als auch am Sitz der Trauer wahr. Es ging jetzt darum, diese Hilflosigkeit zu analysieren. Also ihr zu erklären, dass sie nicht eine schlechte Mutter ist, sondern es ihr einfach deshalb schlecht geht, weil sie ihre Tochter sehr liebt und deswegen sehr traurig ist.

Daraufhin forderte ich sie auf, an etwas neutrales Trauriges zu denken, um die Trauer teilweise wieder zurück an ihren Platz zu schieben (s. auch Praxisbeispiel zum Gefühl der Trauer). Sie spürte wenig, es gab ihr eher eine Art Druckgefühl. Als nächstes erklärte ich ihr das »Strahlen« der Liebe und sagte ihr, dass sie die Verbindung zu ihrer Tochter deshalb nicht mehr spüren könne, weil ihre Strahlen zu kurz seien. Während dieser Beratung saßen wir im Freien auf einer Bank im Park. Im weiteren Verlauf bat ich sie, sich vorzustellen, den Boden mit einer Art Scheinwerfer, den sie im Herzen habe, mit Liebe anzustrahlen. Das war für sie anfänglich etwas schwierig.

Danach wiederholte sie die Übung mit der Trauer, was sich jetzt für sie etwas besser anfühlte. Auch das Strahlen wurde erneut geübt, dieses Mal aber nicht auf den Boden, sondern zu einem Baum, der etwas weiter entfernt stand.

Das ging ebenso besser. So gab ich ihr nun die Aufgabe, an eine gute Freundin zu denken und sich vorzustellen, diese Person stände jetzt vor ihr, so dass sie sie auch mit Liebe anstrahlen könne. Daraufhin folgte nochmals die Übung mit der Trauer und anschließend wiederum das Strahlen, diesmal auf verschiedene andere Menschen. Dies dauerte, bis sie die Trauer als Wärme wahrnehmen konnte und es ihr beim Strahlen auch in der Herzregion warm wurde. Erst dann bat ich sie, sich ihre Tochter vorzustellen und sie in Gedanken mit Liebe anzustrahlen.

In dem Moment konnte sie auch die Verbindung mit ihrer Tochter wieder wahrnehmen und die Verzweiflung verschwand. Wichtig war einfach, dass sie die Trauer und die Liebe wieder separat voneinander spüren konnte. Sind die beiden vermischt, löst das Verzweiflung und Hilflosigkeit aus. Das Wahrnehmen der Verbindung gab ihr auch das Gefühl zurück, in dieser Situation etwas tun zu können. Ich schlug ihr vor, ihre Tochter immer wieder mit Liebe anzustrahlen und zu versuchen, Vertrauen in sie zu haben, dass sie es schafft.

Übungen mit dem Gefühl der Liebe

Setzen Sie sich zum Beispiel in Ihrer Küche an den Tisch und stellen sich vor, dass Sie einen großen »Scheinwerfer« dort haben, wo Ihr Herz ist. Richten Sie nun diesen Scheinwerfer auf einen Gegenstand ganz in Ihrer Nähe und strahlen Sie ihn an. Ich machte dies zu Beginn meistens mit dem Tisch, der sich gut eignet, das »Strahlen« zu üben. Viele Menschen spüren, wenn die Strahlen die Tischdecke erreichen.

Machen Sie das vielleicht eine oder zwei Minuten, anschließend schicken Sie noch einen Gedanken mit den Strahlen mit, nämlich den, dass Sie eine Antwort erwarten. Dieser Gedanke sollte genau wie jener sein, den Sie haben, wenn Sie das Telefon abnehmen und »Hallo« sagen. Dabei erwarten Sie ja, dass am anderen Ende jemand etwas sagen wird. Diesen Gedanken schicken sie also am Ende der Übung mit den Strahlen mit.

Nun hören Sie damit auf und warten einen Moment. Sie werden danach vom Tisch zurück angestrahlt. Im besten Fall merken Sie das als Wärme oder als ein sehr angenehmes Gefühl. Der Tisch wirkt plötzlich lebendiger als sonst. Es ist dabei egal, aus welchem Material er besteht oder ob eine Tischdecke oder sonstige Gegenstände auf ihm liegen, sie stören nicht. Bei vielen, die das zum ersten Mal bewusst machen, ist es eher eine Taschenlampe als ein Scheinwerfer. Aber man braucht normalerweise nur wenige Male zu üben, um die Strahlen-Fläche zu vergrößern.

Ist Ihnen dies gelungen, üben Sie mit einem anderen Gegenstand. Wählen Sie einen, der sich etwas weiter weg befindet. Und anschließend einen, der noch entfernter ist. Versuchen Sie beispielsweise auch vom Fenster aus, die Strasse anzustrahlen.

Sie werden merken, es ist ein sehr schönes Gefühl, von den Dingen zurück angestrahlt zu werden. Es vergrößert das Gefühl des Aufgehoben-seins in der Welt. Und es ist wohltuend für den Körper. Nimmt man die Materie auf eine solche Weise an, macht man das automatisch auch mit dem eigenen Körper, weil er aus dem gleichen »Stoff« ist, wie alle Dinge auch.

Wenn die Länge der Strahlen kein Problem ist, und Sie mühelos eine weit entfernte Straßenleuchte anstrahlen können, dann versuchen Sie sich mehr auf den Aspekt der Kommunikation einzulassen. Ich schlage Ihnen vor, dazu beispielsweise Ihre Kaffeemaschine oder Ihren Kühlschrank zu nehmen. Denjenigen, die beim Tisch nichts gespürt haben, rate ich ebenfalls, es mit einem Gerät zu versuchen. Es kann natürlich auch der Fernseher oder der Computer sein. Wichtig ist, dass das Gerät eingeschaltet ist. Für mich persönlich macht es keinen Unterschied, was für einen Gegenstand ich nehme, aber ich bemerkte, dass für Anfänger eine Maschine leichter ist als ein Tisch oder ein Glas.

Wichtig ist ebenso, dass Sie eine Antwort spüren, auf welche Art auch immer; dies ist verschieden von Mensch zu Mensch. Die meisten spüren so etwas wie eine Wärmewelle, die vom Gegenstand zurückkommt, andere nehmen ein Kribbeln im Körper wahr.

Wenn Sie ein wenig geübt haben, können Sie dazu alle möglichen Gegenstände nehmen. Viele machen das mit

Bäumen, Pflanzen oder Tieren, aber alltägliche Gegenstände sind genau so lebendig.

Diese Übung hilft auch, wenn man sich von bestimmten Gegenständen gestört oder belästigt fühlt. Wohnen Sie beispielsweise an einem Ort, an dem nebenan plötzlich gebaut wird und Sie fühlen sich vom Baulärm gestört, können sie versuchen, die großen Baumaschinen anzustrahlen.

Es gibt einem ein schönes Gefühl, wenn man merkt, dass alles lebendig ist, und dass man mit allem kommunizieren kann. Man fühlt sich aufgehoben in der Welt.

Glücklichsein ist lernbar

Das Glücksgefühl »sitzt« in der Mitte des Körpers. Ich stelle es in oranger Farbe dar, aber es kann auch gelb sein oder eine andere helle Farbe haben. In meinen Kursen, in denen die Teilnehmenden mit den Gefühlen üben, ist Glück eine der am meisten mit Angstgedanken behafteten Emotionen.

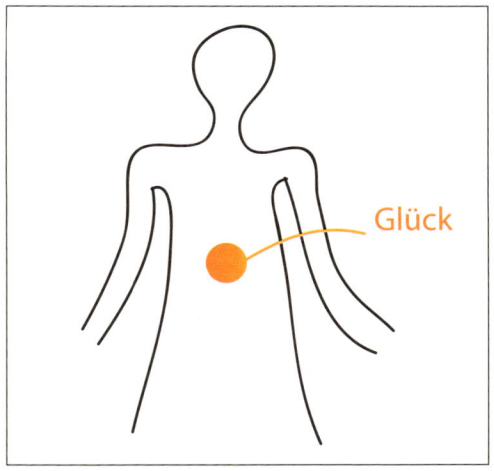

Der »Sitz« des Glücks

Die Übungen mit dem Glücksgefühl sind für viele Menschen schwieriger als jene mit dem der Trauer oder der Liebe, weil sie Angst vor dem Glück haben. Es ist auch das Gefühl, das am häufigsten gegenüber anderen Menschen versteckt wird. Begegnet jemand, der sehr glücklich ist, einem Freund oder einer Freundin, die sehr traurig ist, hält diese Person normalerweise ihr Gefühl zurück. Viele bremsen ihr Glücksgefühl aus Angst, dass es plötzlich verschwinden könnte und um sich die darauffolgende schon erwartete Enttäuschung zu ersparen. Andere haben Angst vor dem Glück, weil sie es mit bestimmten Leistungen verbinden. Sie stellen dann die Frage: »Wieso habe ich das verdient?« usw. Menschen tauschen sich im allgemeinen eher über die traurigen Erfahrungen aus und viel weniger über die glücklichen Dinge, die sie erlebten.

Die Gefühle können auch miteinander vermischt sein. Ist dies der Fall, findet man Glück am häufigsten mit Trauer vermischt vor. Ist das Glücksgefühl eingekapselt oder verschoben, löst es tendenziell schnellere und stärkere Schmerzen aus, als wenn das bei der Trauer der Fall ist. Es kann zu Magenschmerzen oder zu Gürtelrose kommen, häufig auch zu einem Druckgefühl in der Mitte des Körpers. Dies kann zum Beispiel geschehen, wenn man sehr gute Nachrichten empfängt, kurz darauf jedoch schlechte.

Viele Menschen schämen sich über ihr Glücklichsein, weil andere es nicht sind. Es kommen sogar Menschen zu mir, die glücklich sind und eigentlich keine Probleme haben. Nur: sie wundern sich darüber und glauben, etwas falsch zu machen. Ich weiss, das klingt sehr komisch, und ich schreibe darüber, weil viele mir sagen, sie getrauten sich nicht, darüber zu sprechen.

Glück ist immer anwesend, und man kann es gleichzeitig mit den anderen Gefühlen spüren. Und ist man noch so traurig – das Glück ist da. Doch Trauer und Glück sind im Körper nicht an der gleichen Stelle spürbar. Deshalb sollte man die beiden Emotionen auch auseinander halten. Man braucht keine Erlaubnis, glücklich zu sein, genau so wenig wie bei den anderen Gefühlen. Doch ich stelle fest, dass die meisten Menschen ein leichtes Mass an Trauer bevorzugen, weil sie sich mit diesem Gefühl sicher fühlen und so glauben, weniger Überraschungen zu erleben.

Praxisbeispiele zum Gefühl des Glücks

Wenn Glück und Trauer vermischt sind

Das Glücksgefühl ist für mich ein sehr wichtiges Thema, weil es generell wenig thematisiert wird. Im Folgenden schildere ich Beispiele aus der Praxis, bei denen das Glücksgefühl als Problem wahrgenommen wurde.

Zwei Freundinnen versuchten beide über längere Zeit, schwanger zu werden. Nach einer gewissen Zeit war dies bei der einen der Fall, und bei der anderen wurde ein Problem festgestellt, welches das natürliche Schwangerwerden erschwerte. Sie waren schon lange sehr gute Freundinnen, und so fühlte sich die Schwangere in einem Dilemma: Sie war einerseits sehr glücklich, getraute sich andererseits aber nicht, dies offen zu zeigen, aus Angst, dass es ihre Freundin noch trauriger machen würde. Zudem hatte sie gegenüber ihrer Freundin ein schlechtes Gewissen, weil es ihr gelungen war. Sie genoss zwar ihre Schwangerschaft, aber nur heimlich. So war nicht nur ihr Glücksgefühl ziemlich gross, sondern auch ihre Trauer.

Bei dieser Person war das Glücksgefühl nicht verschoben, sondern eingekapselt. Das stellt sich für mich so dar, wie wenn sich ein Ring aus geistiger Energie um das Gefühl herum gelegt hat. Sie spürte ein Druckgefühl im Magen, was sie aber als nicht so schlimm empfand. Es war kein richtiger Schmerz, mehr der Eindruck, dass da am Magen etwas war, das vorher nicht da gewesen war. Schwieriger war es für sie, mit dieser ganzen Situation umgehen zu können.

Als erstes schlug ich ihr die Übung mit dem »neutralen« Glück vor. Also, dass man sich ein Beispiel sucht, mit dem man sich stellvertretend für jemanden freut, der glücklich ist (s. auch Übungen mit dem Gefühl des Glücks). Die Abwehrmechanismen treten dabei nicht auf, da es sich um das Glück von jemand anderem handelt und nicht um sein eigenes. Diese Übungen brauchen zwar zu Beginn je nachdem etwas Anlauf, weil sich der energetische Ring nicht sofort auflöst, wenn er schon länger besteht, sondern erst nach einer gewissen Zeit. Doch Zeitangaben sind schwierig zu machen, da es darauf ankommt, wie häufig man übt und wie gross der mentale Widerstand gegen das Glücksgefühl ist. Im Schnitt handelt es sich etwa um drei Wochen.

Die Frau wollte darüber hinaus einen Weg finden, mit ihrer Freundin wieder umgehen zu können, ohne »schlechte« Gefühle zu haben. Praktisch gesehen ist es wichtig, die Gefühle, die man hat, wieder auf die Grundgefühle zurückzuführen. Die Frau fühlte sich schlecht, doch um was handelte es sich genau? Es war eine Mischung aus Trauer und Liebe, dazu kommend ein Glücksgefühl, das unter Druck stand, weil es eingekapselt war. Diese Mischung war dieses »schlechte« Gefühl – empfunden als Schuldgefühl. So half ich ihr zuerst dabei, das Trauergefühl an seinen »Sitz« im Körper zurückzuschieben. Anschliessend übte ich mit ihr das »Strahlen« mit dem Gefühl der Liebe.

Wenn man das Glück nicht geniessen kann

Den folgenden oder ähnlichen Beispielen begegne ich häufig: In einer schwierigen Familiensituation zieht eines von mehreren Geschwistern aus und die anderen bleiben in dieser Situation zurück. Der Person, die gegangen ist, geht es entsprechend gut, aber sie kann »ihr Glück« nicht geniessen, weil es den anderen noch schlecht geht. Solche Menschen verhalten sich vielfach solidarisch mit den Betroffenen und erlauben sich selbst kein glückliches Gefühl.

Eine Person, die jemand sehr lange gepflegt hat, stirbt. Hierbei kann zur gleichen Zeit starke Trauer und ein Glücksgefühl entstehen. Viele solcherart Betroffene fühlen sich nachher blockiert: Sie sind sich bewusst, dass sie jetzt wieder Zeit für sich haben, verspüren aber Schuldgefühle, wenn sie das Glücksgefühl ausleben. So erlauben sie sich dann nicht, das Leben zu geniessen. Diesen Konflikt zu lösen, benötigt Arbeit auf verschiedenen Ebenen – denen der Gedanken und der Gefühle. Dabei ist es wichtig zu wissen, dass das Glücksgefühl den gleichen Stellenwert hat wie die anderen Emotionen.

Übungen mit dem Gefühl des Glücks

Wie mit den anderen Gefühlen, können Sie auch mit dem Glück »neutral« üben. Dabei empfehle ich Ihnen, sich stellvertretend für jemanden zu freuen. Ideal dazu ist der Bereich Sport, ob das nun Fussball, Tennis oder etwas anderes ist. Entscheidend dabei ist, dass Sie diesen Sport nicht selbst betreiben, sonst kann Trauer aufkommen statt des gewünschten Glücksgefühls – etwa wenn Ihr eigenes Team verloren hat. Auch eine Medaille bei den Olympischen Spielen zu bekommen oder für einen Film einen Oscar zu erhalten, sind gute Beispiele, sich für jemanden zu freuen. Für viele ist die Idee, sich für jemand anderen zu freuen, den sie nicht kennen, jedoch nicht einfach nachzuempfinden.

Dort, wo das Glücksgefühl als Problem wahrgenommen wird, geht es häufig um generelle philosophische Ansichten über das Leben. In vielen Fällen merkte ich, dass die Emotionen Trauer und Wut als Lernerfahrungen in diesem Leben einen höheren Stellenwert besitzen als das Glücksgefühl. Die Ansicht, dass Leiden zum Leben gehört, ist generell verbreitet. Durch starke Trauererfahrungen lernt man mehr über sich. Und gelingt es einem, mit der eigenen Wut umzugehen, lernt man, zu sich zu stehen und Selbstvertrauen zu bekommen.

Was aber Glück bringen kann, können sich viele Menschen weniger gut vorstellen. Das Glücksgefühl hat auch eine spezifische Kraft, und es kann sehr ansteckend wirken. Im Glücksgefühl sehen viele das Endresultat eines langen Weges. Es tritt auf, wenn man alle seine Probleme gelöst, sich oder seine Aufgabe oder den richtigen Partner gefunden hat usw. Dann kann man richtig glücklich sein. Für viele ist Glück etwas, das man erwartet – irgendwann. Längere Glücksphasen werden dennoch meist für sehr unwahrscheinlich gehalten.

Ich kann nur allen raten, die täglichen Glücksmomente zu geniessen, es gibt sie für alle Menschen. Und wenn man darauf fokussiert, wachsen sie. Für das Glücksgefühl braucht es nämlich gar nicht viel. Nehmen wir ein Beispiel an den Kindern, die sich schon einen Monat im voraus oder länger über Weihnachten freuen. Es gibt viele solche Momente im Leben, die ein Glücksgefühl hervorrufen können.

Oft wird Menschen geraten, zu versuchen im Jetzt oder im Moment zu verweilen. Meiner Erfahrung nach ist diese Aufforderung für viele sehr anstrengend. Wenn sie es nicht schaffen, sind sie traurig, weil sie sich für diesen Weg als nicht genügend diszipliniert ansehen. Ich rate solchen Personen, an die Zukunft zu denken, weil die meisten dies ja sowieso machen: Denken Sie also an die schönen, tollen Dinge, die Sie vorhaben. Machen Sie möglichst viele Pläne und haben Sie so viel Vorfreude wie nur möglich. Diese Art der Freude oder des Glücks kennen die meisten aus der Kindheit und hören dann – leider – irgendwann damit auf. Es kann sehr viel Glück im Moment bringen, wenn Sie sich freuen können über die nächsten Ferien, den Kinobesuch am Wochenende, das Treffen mit Freunden am nächsten Tag usw.

Denken Sie auch an die Vergangenheit und dabei an die guten Erinnerungen, nicht an die schlechten. Erlauben Sie sich das einfach. Das Glücksgefühl trägt eine grosse Kraft in sich, es erweitert den Geist, es steigert die Kreativität und hat eine grosse Heilwirkung für den Körper.

Wut stärkt und bringt Lebendigkeit

Die Gefühle nehme ich, wie eingangs erläutert, im Körper als eine Art Flüssigkeit wahr. Bei der Wut ist dies für mich am besten sichtbar, weil diese Emotion – aus meiner Sicht als einzige – durch den ganzen Körper »fließt«, wenn sie aktiviert wird. Beim Versuch, sie zu unterdrücken, merken viele Menschen, dass

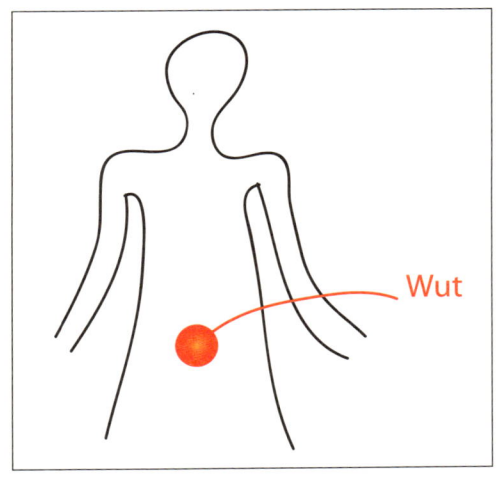

Der »Sitz« der Wut

Ihnen die Wut »hochkommt«, vom Bauch Richtung Hals.

Zur Darstellung der verschiedenen Gefühle benutze ich meistens das Bild einer Kugel (das Gefühl), die auf einem Stuhl sitzt (der »Sitz« des Gefühls). Nun kann sich die Kugel vom Stuhl wegbewegen, Stückchen können sich abspalten, die Kugel kann eingepackt werden, oder es können mehrere Stückchen der Kugel auf dem Stuhl sitzen, aber der Stuhl bleibt immer am gleichen Ort. Um das Wutgefühl zu erklären, benutze ich ein anderes Bild: Hier ist es ein Eimer und die

Wut liegt drin. Das Gefühl der Wut hat seinen Sitz in der Bauchgegend.

Wut ist ein sehr kraftvolles Gefühl, es gibt körperliche und mentale Kraft. Wut ist eine Emotion, die uns – evolutionsbedingt – hilft, uns zu verteidigen. Wir sind physisch kräftiger, schneller, weniger schmerzempfindlich und haben weniger Angst, wenn die Wut aktiv ist. Versuchen wir die Wut, die sich im ganzen Körper auszubreiten beginnt, um uns Kraft zu geben, zu unterdrücken und zu verdrängen, gleicht das einem inneren Kampf, bei dem wir etwas eindämmten, das sich überall verbreiten möchte. Dies nehme ich – um beim obigen Beispiel zu bleiben – bildlich wahr als einen Eimer, auf dem man einen Deckel zu halten versucht, damit das, was da drinnen brodelt, nicht überlaufen kann.

Wenn nun die mentale Kraft nachlässt, »springt« die Wut vollständig oder teilweise heraus und »übernimmt« den ganzen Körper – die Person wird dann unter Umständen verbal oder physisch gewalttätig. Weil die Wut so viel Kraft in sich trägt, braucht es doppelt so viel, um sie festzuhalten. Deswegen fühlt man sich nachher häufig erschöpft. Erschöpfung kann aber auch nach einem verbalen Ausbruch eintreten – als Reaktion auf den innern Kampf, der verloren ging, weil zu Beginn eine Unterdrückung stattfand. Ich unterscheide sehr stark zwischen »Wut spüren« und »Wut ausdrücken«. Darauf gehe ich bei den Übungen noch näher ein.

Meiner Ansicht nach ist es eine Frage des Temperaments, ob jemand oft oder weniger oft wütend wird. Viele werten dieses Gefühl als etwas Negatives, da sie es assoziieren mit Aggression. Für mich ist Aggression jedoch eine Folge von unterdrückter Wut.

Weil Wut als »negatives« Gefühl gilt, setzen viele Menschen für sich das geistige Entwicklungsziel, diese Emotion loszuwerden. Wut wird von ihnen als ein Zeichen angesehen, dass sie zum Beispiel noch nicht genügend losgelassen oder in ihrer Entwicklung irgend etwas noch nicht geschafft haben. Für mich gibt es die Entwicklungsidee nicht; ich rate im Gegenteil dazu, die Wut zu lieben als einen Teil von uns, denn sie gehört zu uns wie alle anderen Gefühle.

Oft höre ich auch die Aussage, die Wut stehe der Liebe im Weg. In diesen Fällen empfehle ich, die Wut mit Liebe »anzustrahlen«, weil man in dem Moment wieder in Harmonie kommt (s. entsprechende Übungen beim Gefühl der Liebe Seite 59).

Das Gefühl der Wut hat der Menschheit in den Anfangszeiten geholfen zu überleben. Zusammen mit der Angst geben beide enorm viel Kraft. In unserer heutigen Gesellschaft brauchen wir die Kraft im Alltag nicht mehr so stark, obwohl die Gefühle uns diese immer noch zur Verfügung stellen. Wenn wir die Wut annehmen, setzt dies im Körper immer Kraft frei, die, wenn sie nicht in physische Kraft umgesetzt wird, in alle Ebenen geht und uns generell stärkt und eine Lebendigkeit bringt.

Praxisbeispiele zum Gefühl der Wut

Kinder und Wut

Zwischen Eltern und Kindern ist Wut häufig ein schwieriges Thema. Kleine Kinder spüren die Gefühle ihrer Eltern sehr gut. Wenn die Kinder sehr empathisch sind, kann es verwirrend für sie sein, wenn sie gemischte Signale bekommen. Sind die Eltern wütend auf das Kind, weiß es das.

Verdrängen die Eltern das Gefühl, spürt dies das Kind ebenso. Häufig spiegelt es dann diese Emotion seinen Eltern, um ihnen das mitzuteilen. Von außen gesehen ergibt sich damit oft eine Situation von sehr ruhigen Eltern und aggressiven Kindern. Die Sachlage kann sehr komplex sein, aber bei den Gefühlen geht es meistens um Liebe, Trauer und Wut.

Wenn kleine Kinder wütend sind, denken sie noch nicht selbständig, dass mit diesem Gefühl etwas nicht stimmt. Dies wird ihnen von der Umgebung vermittelt, wobei es meist um die negativen Folgen von verdrängter Wut geht. Kleine Kinder haben noch nicht so viel Kraft wie die Erwachsenen, die Gefühle zu verdrängen. Sie können zwar versuchen, es nachzuahmen, was vielfach nicht gelingt und dann erst recht zu aggressivem Verhalten führt.

Die Eltern haben häufig ein schlechtes Gewissen, wenn sie auf die Kinder wütend sind. Hierbei mischt sich zur Wut das Gefühl der Trauer. Glauben sie darüber hinaus, ihr wütend werden sei mangelnde Liebe, fügt sich noch das Gefühl der Liebe dazu. Diese Mischung fühlt sich schlecht an, sowohl für die Eltern als auch für die Kinder. Ein wirkungsvolles Vorgehen für diesen Fall ist, zur gleichen Zeit, während man die Wut spürt, die Kinder mit Liebe »anzustrahlen«. So merkt man, dass diese zwei Gefühle sich nicht im Weg stehen. Auch das Schuldgefühl und das schlechte Gewissen kann mit Liebe angestrahlt und angenommen werden. Man sollte nicht versuchen, kein schlechtes Gewissen zu haben, denn dieses hat man ohnehin, dafür sorgt das Ego. Das ist »normal«, aber wenn das

Trauergefühl angenommen wird, fühlt es sich nicht so schlimm an.

Wenn wir Kinder glauben machen, dass Wut etwas »Negatives« oder Unerwünschtes ist, können sie den normalen Umgang mit diesem Gefühl nicht erlernen und die Chancen für ein späteres aggressives Verhalten steigen. So rate ich oft, es den Kindern zu sagen, wenn man wütend ist, und dass das ok ist und man sie deswegen trotzdem liebt. Oder sogar, dass einem das Wütend sein traurig macht. Auf diese Art können es Kinder viel besser nachvollziehen, und dann fühlen sie sich sicherer, da die eindeutigen Rückmeldungen mit ihrer eigenen Wahrnehmung übereinstimmen. Es geht in allen Fällen immer wieder darum, anzunehmen, dass Wut nichts Schlechtes ist und der Liebe nicht im Weg steht.

Wut im Zusammenhang mit dem Tod

Eine andere Situation, bei der Wut sehr häufig verdrängt wird, ist, wenn jemand stirbt. Auch dort gilt: man darf wütend sein auf einen Verstorbenen und übrigens auch auf jedes andere Geistwesen. Es ist sehr menschlich, sich von einem Elternteil oder vom Partner verlassen zu fühlen. Die Trauer ist sehr groß, aber manchmal ebenso die Wut. Auch hier haben viele Menschen ein schlechtes Gewissen, weil sie denken, dass sie den Tod akzeptieren müssten und ihre Wut nichts nütze. Einige denken sogar, dass sie den Verstorbenen mit ihrer Wut Schaden zufügen oder sie am Weitergehen hindern.

Nach meinen Erfahrungen muss man den Tod nicht akzeptieren und darf getrost das Gefühl der Wut spüren, so lange man will. Aber auch hier ist es entscheidend, Gefühle und Gedanken auseinanderzuhalten. Dies kann geschehen, indem man die Gedanken, welche immer es sind, mit Liebe anstrahlt und die Gefühle zulässt.

Wenn man die Gedanken und die Gefühle getrennt voneinander annimmt, ist das in Ordnung. Man darf ruhig denken, dass man nicht wütend sein will, soll aber trotz dieser Gedanken das Gefühl zulassen. Am einfachsten geht das, wenn man den Körper mit einbezieht. Die Gedanken finden im Kopf statt, die Gefühle im Körper, und beide darf man – getrennt voneinander – anerkennen. Wenn man die Gefühle im Körper mit den Gedanken verdrängt, findet erneut ein innerer Kampf statt und lässt einen leiden. Kommt dazu, dass ja nicht nur der Betreffende um seine Wut weiß, sondern auch der Verstorbene. Weshalb also etwas verstecken wollen, das ist völlig überflüssig.

Wut bei Schmerzen und Krankheiten

Wenn wir Wut unterdrücken, kann dies auch körperliche Symptome auslösen. Sehr häufig leidet das Verdauungssystem. Wut sitzt in dieser Körperregion, und die Kraft, die wir brauchen, um »den Deckel auf dem Eimer zu halten«, stellt zuerst der Geist zur Verfügung. Reicht dies nicht mehr aus, wird Kraft im Organismus geholt. Beispielsweise beim Magen oder beim Darm. Diese Organe haben dann Mühe, ihre Arbeit noch einwandfrei zu verrichten. Sie funktionieren langsamer, die Verdauung ist nicht mehr optimal usw. Es kann zu vielen verschiedenen Symptomen kommen. So wie die Wut andauernd versucht hoch zu kommen, kann zum Beispiel auch die Speiseröhre reagieren und sich ebenso verhalten – indem das Essen auch immer wieder hochkommt. Der Körper verhält sich oft ähnlich wie wir, weil er uns unser Verhalten vor Augen führen möchte.

Menschen mit Krankheiten sind häufig wütend auf ihren eigenen Körper, etwa bei Schmerzen. Das ist nichts außergewöhnliches, denn niemand hat gerne Schmerzen. Oft denken sie, dass sich die Krankheit verschlimmert, wenn sie wütend auf die eigenen Körperzellen sind. Doch gilt auch hier: die Zellen wissen, was wir denken, da sie ein Teil von uns sind. Wir können ihnen nichts vormachen, und somit ist das nicht krankheitsbestimmend. Wichtig ist die Ehrlichkeit uns selbst gegenüber. Andernfalls erhalten die Zellen nicht miteinander übereinstimmende Botschaften, die sie eher verwirren, statt sie zu unterstützen.

Es ist vergleichbar mit dem Beispiel über Pflanzen, das ich kürzlich wieder hörte: Jemand erzählte mir von seinen zwei Pflanzen der gleichen Art. Eine strahlte er jeden Tag mit Liebe an und die andere mit Wut. Die eine Pflanze ist sehr gut gewachsen, die andere nicht. Nun, ich kommuniziere mit Pflanzen und so erzählten sie mir, dass sie einfach die Erwartung dieses Menschen erfüllten, weil er davon ausgegangen war, dass Wut schlecht ist. Sie unterstützten ihn in seinem Glauben. Diese Person wäre für einen anderen Ausgang des Experiments nicht bereit gewesen, deswegen haben die Pflanzen dies respektiert und ihm den Gefallen getan. Pflanzen verurteilen nicht, wie wir Menschen das häufig tun, und respektieren jeden in seinem jeweiligen

Glauben. Man kann seine Pflanzen mit jedem Gefühl an-strahlen und bemerkt – wie auch die Pflanzen – natürlich keinen Unterschied, weil man es natürlich auch nicht an-ders erwartet.

Sicher sind da viele anderer Meinung. Aber ich bin über-zeugt, es hängt damit zusammen, dass es so viel Aggression um uns herum gibt, weil wir verurteilen und damit unsere eigene unterdrückte Wut nach außen projizieren.

Es gibt Menschen, die behaupten nicht wütend zu sein, aber dennoch in ihrem Umfeld großer Aggression begeg-nen. Sie können dies dann sehr schwer ertragen und emp-finden Wut von anderen sogar häufig als schmerzhaft und haben Angst davor. Für mich bedeutet das: Wir begegnen Teilen von uns selbst, die wir nicht haben wollen, vermehrt im Außen. Die Welt zeigt uns, was wir in uns selbst ableh-nen. Die Angst vor Aggression stimmt überein mit der Angst vor der eigenen Wut. Wenn wir die Wut selbst ver-drängt haben, können wir auch keine Resonanz bieten, und wir können, wenn wir Aggression von außen begeg-nen, das Gefühl bekommen, angegriffen zu werden, ohne dass es zu einem tatsächlichen Angriff kommt.

Ein weiteres Phänomen, das in vielen Fällen mit unter-drückter Wut zu tun hat, sind brennende Füße oder so ge-nannte »restless legs« (die englische Benennung könnte man am ehesten mit »unruhige Beine« umschreiben). Die-ses drückt sich aus in einem Kribbeln oder Brennen an den Füssen oder einem Gefühl von Ameisen. Zu Beginn ist dies oft nur nachts zu spüren, mit der Zeit kann es sich in den Beinen ausbreiten und die Symptome können auch tagsüber auftreten. Beim Verdrängen der Wut macht man innerlich häufig eine Bewegung, wie wenn man etwas nach unten schiebt. Die Füße sind am Entferntesten vom Kopf, und dorthin schieben viele ihre Wut. Wer dies längere Zeit macht, hat irgendwann keinen Platz mehr in den Füssen und häuft seine Wut auch in den Beinen an – von unten nach oben.

Bei allen Patienten, die mit diesen Symptomen bis jetzt bei mir waren, konnte medizinisch keine Ursache festgestellt werden. Es ist typisch für die Wut, dass sie sich »brennend« anfühlt, wenn sie (von ihrem ursprünglichen Ort) verschoben wurde. Das trifft übrigens für jede Körperstelle zu. Mit diesen Menschen übte ich, die Wut wieder in die Bauchregion zurückzuführen.

Da die Wut das einzige Gefühl ist, das in den ganzen Körper fließt, wenn es aktiviert wird, gibt es zwei Möglichkeiten, es wieder an seinen Platz in der Bauchregion zurückzuführen. Bei der ersten Methode stellt man sich, wie bei den anderen Gefühlen schon beschrieben, die einzelnen »Wuttropfen« in den Beinen vor und schiebt sie eins nach dem anderen in Gedanken nach oben zurück – mit Hilfe des Beispiels der »neutralen« Wut (s. Übungen). In vielen Fällen spürt man, dass es stärker brennt, wenn man die Wut übt, und diese Wahrnehmung kann auch das Verschieben erleichtern. Bei der zweiten Möglichkeit, die neutrale Wut zu aktivieren, versucht man zunächst das warme Gefühl in der Bauchregion zu spüren. Anschließend lässt man dieses in die Beine fließen und dann wieder zurück zum ursprünglichen Sitz der Gefühls – mit dem

Gedanken, dass der »große Wut-Fluss« auf dem Weg zurück zu seinem ursprünglichen Ort die kleinen Tropfen, die in den Beinen verstreut wurden, wieder mitnimmt. Diese zwei Methoden können angewendet werden, egal wo die einzelnen Tropfen verstreut sind. Dabei sollte die Übung der neutralen Wut möglichst häufig gemacht werden.

Dies ist ein Prozess auf zwei Ebenen: zum einen die Wut, die in Gedanken zurückgeschoben wird. Zum andern – auf der geistigen Ebene – die Wut, die als Teil von einem selbst angenommen wird. Diese zwei Dinge brauchen meistens etwas Zeit.

Wut am Arbeitsplatz

Eine Frage, der ich immer wieder begegne, lautet: »Wie verhalte ich mich am Arbeitsplatz, wenn ich auf meinen Chef wütend werde? Wenn ich reagiere, habe ich Angst, Probleme zu bekommen oder meinen Arbeitsplatz zu verlieren.« Ich begleite viele Menschen in solchen Situationen. Es geht dabei nicht darum, ob man jetzt reagieren soll oder nicht, sondern, dass man frei entscheiden kann, ob man reagiert oder nicht.

Vielen gelingt es, die Wut am Arbeitsplatz völlig zu verdrängen und sie erst »rauszulassen«, wenn der Arbeitstag zu Ende ist – etwa zuhause beim Partner oder in der Familie. Oder erst ein paar Tage später gegenüber einer anderen Person, bei der man keine Angst vor den Konsequenzen dieses Verhaltens spürt. Dieses Ausagieren der Wut geschieht dann meistens nicht »freiwillig« oder »bewusst ausgewählt«, sondern hauptsächlich weil man die Kraft nicht mehr hat, die Wut noch länger zu unterdrücken. Dies kann auch passieren, wenn man sehr müde ist oder sich in einer anstrengenden Situation befindet. Man ist gereizt, und es braucht nicht viel von Außen, bis die Wut »überschäumt«. Oft fühlt man sich daraufhin schlecht und schuldig, weil man es wieder nicht geschafft hat, sich selbst zu »kontrollieren«. Man versucht dann beim nächsten Mal die Wut erfolgreicher zu verdrängen, aber es ist und bleibt ein großer Kraftaufwand und ein innerer Kampf, der einen schlecht fühlen lässt.

Sicher, es ist alles andere als leicht, diese Angewohnheit fallen zu lassen. Deswegen rate ich, die Alltagsgeschichten auf sich beruhen zu lassen und zuerst einmal sehr häufig mit der Wut zu üben. So, dass man sich an dieses Gefühl gewöhnt und feststellt, wie angenehm es sich anfühlt. Wenn dieser Punkt erreicht ist, kann man bei der nächsten Situation, in der sich die Wut aktiviert – ob am Arbeitsplatz oder sonst wo –, sie einfach durch den Körper strömen lassen. Man bemerkt dann, dass sie einem Kraft gibt statt nimmt, und dass man das Gegenüber anlächeln oder etwas sagen kann, ohne Anstrengung und ohne Angst, etwas zu äußern, was man nicht will. Die Kontrolle über die eigenen Handlungen geht dabei nicht verloren.

Übungen mit dem Gefühl der Wut

Zwischen dem Spüren und dem Ausdrücken der Wut besteht ein großer Unterschied. Um dies zu illustrieren, stelle ich zuerst Übungen zur »neutralen« Wut vor. Damit meine ich, Wut zu spüren, ohne das Gefühl zu haben, sie ausdrücken zu müssen. Um nun die »neutrale« Wut üben zu können, ist es wichtig, dass Sie eine Person auswählen, auf die Sie wohl wütend sind, die Sie aber nicht kennen. Also anders als im Alltag, wo Ihnen die Person, die Sie wütend macht, meist bekannt ist. Oft ist man von diesem Menschen auch enttäuscht. In einem solchen Fall vermischen sich Wut und Trauer. So ist es beim Üben wesentlich, dass Sie diese beiden Gefühle auseinander halten. Als neutrales Beispiel empfehle ich meistens, eine Situationen aus dem Verkehr zu nehmen. Als Fußgänger, Velofahrer, Teilnehmer am öffentlichen Verkehr oder als Autofahrer sind wir sicher alle schon einmal wütend geworden. Hierbei ist mit größter Wahrscheinlichkeit die Wut das einzige Gefühl, das wir spüren.

Für die Übung erinnern Sie sich nun an eine Situation, die Sie wütend machte. Während Sie daran denken, konzentrieren Sie sich auf die eigene »Bauchregion«, in der die Wut sitzt. Im Idealfall wird es dort warm. Wut fühlt sich an wie eine Wärme, die vom Bauch aus geht und sich dann langsam im ganzen Körper ausbreitet. Wut ist ein sehr angenehmes, kraftvolles Gefühl, wenn Sie es nicht ablehnen. Haben Sie die Wut schon längere Zeit verdrängt, kann es sein, dass Sie nur wenig bis keine Wärme verspüren. Ist dies der Fall, sollten Sie nach einem besseren Beispiel suchen.

Beim Wutgefühl hat das Denken einen hohen Stellenwert. Haben Sie Wut über längere Zeit als etwas Schlechtes angesehen, gelingt es Ihnen vielleicht nicht auf Anhieb, dieses Denken zu ändern. Dementsprechend empfehle ich Ihnen, zuerst den Gedanken »es ist nicht gut, wenn ich wütend bin« mit Liebe anzustrahlen und danach dies mit dem Gefühl der Wut gleich zu tun. Nach dem Anstrahlen gelingt es sicher schon bald, die Wut zumindest ein wenig als Wärme zu empfinden. Das ist der erste Schritt, um dieses Gefühl besser annehmen zu können. Dabei werden Sie erkennen, dass es sich wirklich gut anfühlt.

Sobald Sie die Wärme als stärker empfinden, können Sie versuchen, die Wut im ganzen Körper strömen zu lassen. Dann fühlt es sich überall angenehm warm an. Bei diesem Durchströmen der Wut im ganzen Körper ist es wichtig zu merken, dass Sie die Wut gar nicht auszudrücken brauchen. Die Angst vor der eigenen Reaktion und die Angst vor Konflikt sind die häufigsten Gründe, weshalb die Wut verdrängt wird.

So wie ich die Gefühle wahrnehme, spielt es also keine Rolle, ob man die Wut ausdrückt oder nicht. Dies ist jedem selbst überlassen. Wichtig aber ist, dass man sich selbst erlaubt, dieses Gefühl im Körper zu spüren. Oft wird gesagt: »Es nützt ja nichts«, »es hat keinen Sinn« oder »es bewirkt sowieso nichts«. Solche Gedanken sind genau genommen ebenso Verdrängungsgedanken. Auch diese Gedanken würde ich mit Liebe »anstrahlen«, aber trotzdem die Wut im Körper als Gefühl zulassen, die Wärme und die Kraft spüren, die sie gibt. Gefühle sind weder positiv noch negativ, sie sind einfach.

Vielfach sind Wut und Trauer stark miteinander vermischt. Man fühlt sich in seiner Wut auch schuldig. Und Schuld ist Trauer. Kommt dazu, dass man sich Trauer eher erlaubt als Wut. Das sorgt für den Eindruck, nicht richtig wütend sein zu können, aber ebenso nicht richtig traurig. Um die beiden Emotionen auseinander halten und sie separat voneinander wieder als angenehm empfinden zu können, sollten Wut und Trauer häufig kurz nacheinander geübt werden, mindestens fünf Mal.

Mit der Eifersucht Grenzen sprengen

Wie in der Illustration ersichtlich, ist Eifersucht das einzige der Hauptgefühle, das im Körper an zwei Orten seinen »Sitz« hat. Weshalb das so ist, kann ich nicht sagen. Ich habe es bis jetzt immer so wahrgenommen. Eifersucht ist nicht der einzige Begriff für dieses Gefühl, auch Neid und Bewunderung gehören zu die-

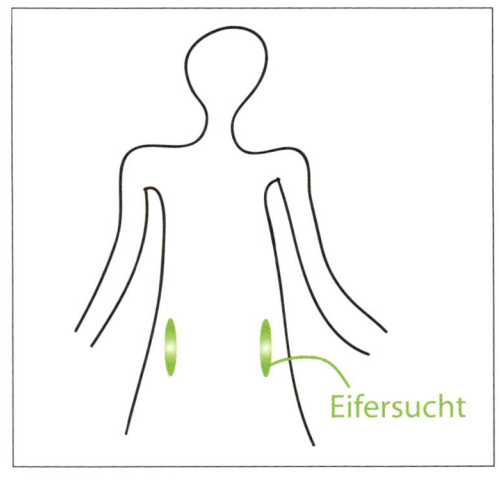

Der »Sitz« der Eifersucht

sem Bereich, der links und rechts des Bauches zu finden ist.

Eifersucht wird generell als ein »negatives« Gefühl betrachtet, Neid ebenso. Bei Bewunderung teilen sich die Meinungen. Wie in vorgängigen Kapiteln schon erwähnt, gibt es für mich keine »positiven« oder »negativen« Gefühle. Gefühle sind einfach, sie geben uns Auskunft über uns selbst. Eifersucht, Neid und Bewunderung gehören zu den aussagekräftigsten Gefühlen. Ihre Eigenschaften und Nebeneffekte sind sehr breit gefächert, insbesondere weil die drei einen direkten Bezug zum

Ego und zum Geist haben und indirekt auch die anderen vier Gefühle beeinflussen.

Eifersucht und Neid »darf« man nicht haben, glauben viele. Das hängt für mich damit zusammen, dass es häufig auch verpönt ist, ein Ego zu haben und Wünsche, die außerhalb der Norm liegen. Doch beide sind Gefühle, die einem Menschen helfen können, sich bewusst zu werden, wo er sich selbst Grenzen auferlegt hat.

Neid, Eifersucht und Bewunderung sind verbunden mit dem Wunsch, etwas zu besitzen. Eifersucht und Neid fühlen sich umso schlimmer an, wenn man erkennt, dass man es – einen Menschen, einen Gegenstand, eine Fähigkeit, Geld, Zeit usw. – nicht bekommen kann. Die gewohnten Glaubensstrukturen – was man denkt, was erlaubt ist und was nicht; was man sich selbst zutraut und was nicht; was man (noch) erreichen möchte und was nicht – sorgen noch zusätzlich dafür, dass sich Eifersucht und Neid sehr schlecht anfühlen können.

Wie ist nun der Bezug zu Geist und Ego? Der Geist träumt und das Ego überlegt sich, wie sich der Traum, etwas zu besitzen, praktisch umsetzen lässt. Wird jedoch das Ego verdrängt – wie im Kapitel über Geist und Ego ausführlich beschrieben –, bleibt es meistens beim Traum. Sehen wir alsdann einen Menschen, der »unseren« Traum umsetzte, reagieren wir mit den Gefühlen Trauer, Wut, Eifersucht oder Neid.

Nun haben viele Menschen keine wirklichen Träume mehr, sondern träumen nur von dem, was sie glauben, erreichen zu können. So beschränken sie sich, setzen sich Grenzen. Das hat zur Folge, dass Eifersucht oder Neid verdrängt werden, und dies wiederum löst Trauer aus, weil sie einen wichtigen Teil von ihnen – nämlich Träume und Wünsche zu haben – ablehnen.

Kinder haben meistens noch viele Träume, aber häufig werden diese Träume vom Umfeld nicht unterstützt. Träume werden von den Erwachsenen als nicht realistisch angeschaut – wie die Träume während des Schlafes.

Eifersucht, Neid und Bewunderung lassen sich schwer so einheitlich beschreiben wie die anderen Gefühle, weil die Bereiche, worauf sie sich beziehen, so vielfältig sind. Deswegen erkläre ich sie anhand ihrer verschiedensten Eigenschaften und Nebeneffekte.

Neid, Eifersucht und Bewunderung und ihre Eigenschaften

Gefühlsmäßig näher bei sich sein
Eifersucht, Neid und Bewunderung sind sehr nützlich, weil sie den Nebeneffekt haben, dass man sich mehr »bei sich« fühlt, wenn man eines dieser Gefühle verspürt. Häufig berichten mir Menschen, die sehr gefühlsorientiert sind, sie würden von den Gefühlen anderer stark mitgerissen. Für solcherart Betroffene ist es wichtig, möglichst schnell wieder zu ihren eigenen Gefühlen zurückzukommen. Eine Möglichkeit besteht darin, sich in eines der drei Gefühle hineinzuversetzen. Wenn man dies macht, ist man sofort wieder »bei sich«, da diese drei Gefühle – anders als Trauer, Liebe, Glück und Wut – sich mit anderen Menschen nicht teilen lassen.

Mehrere Menschen untereinander können zusammen leicht traurig, glücklich oder wütend sein, oder auch gemeinsam lieben. Während bei Eifersucht, Neid und Bewunderung die Chancen sehr klein sind, dass Personen um einen herum genau dasselbe empfinden.

Sich erden

Eifersucht, Neid und Bewunderung haben einen weiteren Nebeneffekt: sie »zentrieren« die anderen Emotionen, so dass man sich besser geerdet fühlt. Hin und wieder kommen Menschen zu mir, bei denen Trauer, Liebe und Wut so verschoben sind, dass sie kaum noch etwas spüren können. Oft sind sie nah an einer schweren Depression. In einem solchen Fall ist es hilfreich, mit Bewunderung oder Neid oder Eifersucht zu arbeiten. Wenn eines dieser Gefühle »aktiviert« und es dadurch besser angenommen wird, schieben sich automatisch auch alle anderen Gefühle ein wenig zurück.

Das kann folgendermaßen geschehen: Wenn man beispielsweise Bewunderung »aktivieren« will, sollte man sich zuvor überlegen, was man noch gerne besser können möchte. Indem man sich darauf konzentriert, wo seine eigenen Bedürfnisse liegen, erhöht dies automatisch die Liebe zu sich selbst, und das fühlt sich gut an.

Wissen, was man will

Beim Treffen von Entscheidungen sind die drei Gefühle auch sehr nützlich. Ein einfaches Beispiel: Ich bin mir am Überlegen, ob ich einen Tanzkurs belegen soll oder einen Kurs, um besser Englisch zu können. Die Entscheidung, das zu wählen, was ich lieber machen würde, fällt mir schwer. Eine Möglichkeit ist nun, an jemanden zu denken, der den Tanzkurs schon besucht hat, und zu schauen, ob die Eifersucht reagiert. Ist das der Fall, bedeutet dies, dass ich das auch möchte. Daraufhin denke ich an jemanden, der die englische Sprache gut beherrscht, und beobachte, wie das Gefühl darauf anspricht. Ob es mehr reagiert, oder weniger, oder in etwa gleich. Es kann ja auch sein, dass ich beides möchte – was natürlich auch ok ist.

Es ist jedenfalls sehr hilfreich, sich bei Entscheidungen auf der Handlungsebene von diesen Gefühlen helfen zu lassen. Sie geben viel Auskunft darüber, was einem persönlich gefällt und was nicht.

Informationen von »Außen« empfangen

Im Kapitel über »Geist und Ego in Bezug auf Information« erklärte ich, wie der Geist »unsichtbare« Informationen aus dem Möglichkeitsraum empfängt. Auch die Bewunderung tut dies – als einziges der fünf Hauptgefühle. Viele der berühmten Sportler, Sänger, aber ebenso Architekten usw. hatten in ihrer Kindheit Idole, denen sie nachstrebten. Es gibt sogar Berichte über solche Persönlichkeiten, die, während sie an ihr Vorbild dachten, plötzlich eine Art »Eingebung« hatten, wie sie ihre eigenen Fähigkeiten verbessern konnten. Das meine ich mit dem Übertragen von Information. Es ist eine tolle Sache, die man sich auch bewusst zunutze machen kann.

Ein Idol zu haben, ist etwas für Teenager, denken viele und belächeln andere deswegen. Es kann jedoch auch ein Ansporn sein. Ich denke, dass das Bewusstwerden, noch etwas lernen zu wollen, und auch das Wahrnehmen, etwas Gelerntes verbessern zu können, viele Wege dazu öffnet, tatsächlich in einem bestimmten Bereich noch besser zu werden. Man hat ein Ziel, das Ego ist beschäftigt, man strebt nach etwas – das gibt auch Glücksgefühle, und es macht Mut.

Überdies hilft es einem, Eifersucht und Neid aus dem so genannt Negativen heraus zu holen. Wenn man schon lange einen Englisch-Kurs besuchen will, dies aber nicht tut, weil man denkt, dass man diese Sprache sowieso nicht lernen kann, gibt einem das kein gutes Gefühl. Betrachtet man aber eine Person aus seinem Umfeld, die einen solchen Kurs besuchte und nun die Sprache beherrscht, und bewundert sie, kommt man diesem Menschen näher. Man kann sich auch Tipps geben lassen, da man sie persönlich kennt. Ist man eifersüchtig oder neidisch, und fühlt sich das schlecht an, wird man diesem Menschen eher aus dem Weg gehen, was aber eben nicht hilft, das eigene Ziel zu erreichen. Letztlich ist es auch gut für den Geist, immer wieder neue Dinge lernen zu wollen.

Verbitterung vs. zielgerichtetes Verhalten
Weil Eifersucht, Neid und Bewunderung dazu da sind, einen emotionalen »Drive« zur Verfügung zu stellen, um ein Ziel zu erreichen, und weil sie das Ego auch in der Planung der einzelnen Schritte unterstützen, ist dieses »Planmäßige« eine typische Eigenschaft der drei Gefühle. Das führt dazu, dass sie natürlich äußerst unangenehm werden können, falls man sie verdrängt, oder wenn man denkt, etwas nicht haben zu können.

Bei Verbrechen, die plötzlich passieren, ist häufig Wut präsent. Wut ist sehr explosiv – das Gefühl überlegt nicht. Schmiedet eine Person über längere Zeit Pläne, wie sie jemandem etwas antun könnte – was häufig als sehr bösartig betrachtet wird –, steckt bei ihr oft verdrängte Eifersucht oder Neid dahinter.

Verbitterung ist äußert unangenehm für die Betroffenen. Ist jemand verbittert, kann er seinen Traum nicht genügend verdrängen. Er ist absolut überzeugt, dass der Traum nicht erreichbar ist. Der Schmerz kann so groß sein, dass er denjenigen verletzten möchte, der das »besitzt«, was er denkt, nicht haben zu können. Diese Verbitterung kann sich nach außen richten und so oft zu schweren Verbrechen führen. Sie kann sich in Form von Selbstverletzung oder verschiedensten Auto-Immunkrankheiten auch gegen sich selbst richten.

Ist die Identifizierung zu groß und leidet das Ego zu stark und wird schließlich verdrängt, kann auch Bewunderung für jemanden sich in solcher Weise umkehren, dass man diesen Menschen verletzen möchte. Ohne Ego verliert man jeglichen Bezug zum realistisch Machbaren. Im geistigen Bereich ist alles möglich. Steht dies in Kombination mit Eifersucht oder Bewunderung oder Neid, kann es gefährlich werden. Ich spreche das an dieser Stelle aber nur rudimentär an, da die Mechanismen sehr komplex sind.

Generell ist zu raten, das Hauptziel, das man sich setzte, immer wieder in kleine, machbare Schritte aufzuteilen und vielleicht auch mehrere Ziele gleichzeitig zu verfolgen, so dass es immer wieder Erfolgsergebnisse gibt.

Dieses Vorgehen ist lernpsychologisch weit verbreitet und wird von vielen Studierenden angewendet, und es lässt sich auf fast alles anwenden. Wenn ich zum Beispiel denke, ich muss heute das ganze Haus aufräumen, so wird mich dieser Gedanke blockieren, weil das zu viel ist. Wenn ich mir aber das ganze Haus als entferntes (Haupt-)Ziel vornehme und als erste Zielsetzung nur ein Zimmer ins Auge fasse, wird mir dieses Vorgehen Mut machen. Das Teilziel ist absehbar, und das bringt eher Freude. Wenn also ein Ziel blockierend wirkt, kann man es einfach in kleinere Schritte aufteilen.

Eifersucht in Bezug auf Menschen

In Partnerschaften taucht Eifersucht häufig auf – begründet und unbegründet. Ob begründet oder nicht, darauf möchte ich hier nicht eingehen, das ist ein anderes Thema. Eifersucht ist auch nicht schlecht, sie zeigt, wie sehr man den anderen Menschen liebt.

Wird Eifersucht zu einem Problem, bieten sich einem verschiedene Möglichkeiten, das zu lösen. Zum Ersten kann man versuchen, dieses Gefühl anzunehmen, es »neutral« zu üben, so dass es sich angenehm anfühlt.

Wenn dies nicht genügend wirkt, sollte man sich das Thema »besitzen wollen« näher anschauen. Etwas haben zu wollen, ist eine Eigenschaft, die zum Menschsein gehört. Üblicherweise bezieht sie sich auf Gegenstände. Menschen besitzt man nicht, so wie einem ein paar Schuhe gehören. Ich bin schon öfters Menschen begegnet, die dieses »Begehren« von materiellen Gegenständen zu wenig ausgelebt haben und als Reaktion dann diesen »Besitzanspruch« ausschließlich auf Menschen bezogen. Einmal richtig einkaufen gehen kann hierbei sehr hilfreich sein.

Eine dritte Möglichkeit ist, das Gefühl der Liebe zu üben. Eifersüchtige nehmen sich oft selbst als nicht liebenswürdig wahr und fühlen sich in der ständigen Gefahr, der Konkurrenz ausgesetzt zu sein. In diesem Fall zeigt einem die Eifersucht, dass man die Liebe eingegrenzt hat. Viele reagieren dann auch häufig, indem sie sich in der Liebe zum Partner zurücknehmen, was natürlich die Situation erheblich verschlimmert: die Eifersucht steigert sich und die Grenzen werden noch enger.

Neid in Bezug auf Gegenstände
Auch hier geht es um den Bereich des »Begehrens«. Diese Art von Neid kommt vielfach vor, wenn Materielles dem Geistigen

zu stark untergeordnet wird. Aus vorherigen Kapiteln wissen wir: Materie und Geist kommen aus dem Gleichen.

Schritt eins, dies anzugehen, ist, sich selbst einzugestehen, dass man etwas will. Als zweiten Schritt setzt man sich den Gegenstand, worauf der Neid bezogen ist, als eines der Hauptziele fest. Und das Ego sollte sich einen kleinen Zwischenschritt ausdenken, wie das Ziel erreicht werden kann. Doch letztlich ist es nicht einmal wichtig, ob man das Endziel erreicht oder nicht, sondern es kommt vor allem darauf an, es zu versuchen.

Praxisbeispiel zum Gefühl der Eifersucht

Mich besuchte eine Frau mit der Diagnose »Erschöpfungsdepression«. Nun kommen Menschen mit einer Depression häufig zu mir, aber diese Person war schon über mehrere Jahre schwer depressiv und erschöpft. Das heißt, sie spürte nur noch Verzweiflung, eine tiefe Trauer und war handlungsunfähig. Sie konnte den Haushalt nicht mehr besorgen, war nicht mehr arbeitsfähig, hatte am Morgen große Mühe aufzustehen, und ihre Gedanken kreisten häufig um einen Suizid. Das einzige, was ihr half, waren Medikamente. In einem derartigen Fall ist es sehr empfehlenswert, sich mit Medikamenten helfen zu lassen.

Da ich die Hintergründe kenne, kann ich hier näher darauf eingehen. Solche Schilderungen höre ich häufig – in den unterschiedlichsten Varianten. Es kommt dabei darauf an, wie lange sich jemand in einer Situation wie dieser befindet. Sind es fünf Jahre, kann eine leichte Depression die Folge sein; nach zehn bis fünfzehn Jahren kann es sich zu einer schwereren Depression ausgeweitet haben.

Diese Menschen haben üblicherweise keine so genannten schlimmen Erfahrungen hinter sich. Da waren also keine Traumatisierungen, keine nahen Verwandten, die verstorben sind, kein äußeres Ereignis, das diesen Zustand hätte erklären können. Deswegen kann es sich als schwierig erweisen, solchen Menschen zu helfen, weil keine Ereignisse vorliegen, die man bearbeiten kann. Eine Hilfeleistung ist auch deshalb schwierig, weil die Motivation völlig fehlt.

Die Ursache einer derartigen Depression ist die völlige Abwesenheit des Bedürfnisses, sich selbst Wünsche zu erfüllen, also dass eine solche Person sich nichts gönnt, was über den täglichen Bedarf zum Leben hinausgeht. Aus Sicht der Gesellschaft wird dies natürlich nicht als schlecht angesehen – aber es ist halt doch die Abwesenheit von etwas Gutem. Die Person besitzt alles, was sie zum Leben braucht, doch die Situation verschlimmert sich ständig. Sie fühlt sich immer schlechter, weil sie einerseits denkt: »ich sollte zufrieden sein mit dem, was ich habe«, und andererseits schafft sie das doch nicht. Diese Zwiespältigkeit liegt sehr vielen Depressionen zugrunde.

Da ist immer eine Vorgeschichte, und die beginnt meist sehr früh. Ein Beispiel: Die Eltern möchten gerne, dass ihre Tochter erst einmal eine Lehre absolviert, um ein sicheres Einkommen zu haben, bevor sie auf ihre große Reise geht oder sich an der Kunstakademie einschreibt. Oder dass sie gar nicht mit Singen versucht, etwas zu erreichen, weil die Chancen ja sowieso zu klein sind usw.

Eine Depression hat immer eine Ursache. Häufig höre

ich von Menschen, die zu mir kommen: »Ich mache schon lange einen Job, der mir nicht gefällt. Ich bin depressiv. Was kann ich tun, um mich besser zu fühlen, ohne den Job zu wechseln?« Oft werden auch andere Gründe als die Arbeit genannt. Nun ist es völlig normal, dass man traurig wird, wenn man hauptsächlich Dinge macht, die man nicht will. Einen bestimmten Anteil an Pflichten haben wir natürlich alle, doch darum geht es hier nicht. Diese Menschen machen zu 100 Prozent Dinge, die ihnen nicht gefallen.

Bei der oben erwähnten Frau war dies genau so. Sie hatte eigentlich Sprachen studieren wollen und wäre gerne als »au pair« nach Frankreich gegangen. Da war bei ihr eine Sehnsucht nach etwas Außergewöhnlichem. Aus Sicherheitsgründen absolvierte sie aber eine Lehre bei einem Optiker. Danach heiratete sie, bekam Kinder und gab die Aussicht, dass jemals einer ihrer Wünsche in Erfüllung gehe, auf – und damit auch sich selber.

Jetzt ist es nicht so, dass solche Wünsche einfach verschwinden; sie werden aber verdrängt – mit großem Kraftaufwand. Und damit beginnt eine fatale Entwicklung: Wenn man Wünsche verdrängt, muss man den eigenen Geist, der am liebsten träumt, begrenzen, da es sonst zu schmerzhaft wird. Wird der Geist eingeschränkt – er ist dadurch auch weniger leistungsfähig –, wird die Kreativität mit begrenzt. Ebenso muss das Ego verdrängt werden, da diese Instanz auch dazu da ist, die Träume umzusetzen und normalerweise die Handlungsebene in diese Richtung steuert. So wird die eigene Handlungsebene mit der Zeit völlig blockiert. Die Gefühle reagieren mit Trauer und

Wut. Nach einer gewissen Zeit weiß man nicht einmal mehr, wieso man sich so schlecht fühlt, weil Träume und Wünsche völlig weggedrängt wurden. Schließlich denkt man, dass man krank ist.

Bei solchen Personen kann ich meistens in den ersten Sitzungen noch nicht mit den Gefühlen Trauer oder Wut arbeiten. Die Abwehrmechanismen schützen sie vor großem Schmerz, und die Gefühle sind so stark verdrängt und/oder verschoben, dass Trauer und Wut erst nach mehreren Sitzungen ein Thema werden. Diese beiden Emotionen sind in einem derartigen Fall auch erst die letzte Folge eines sehr langen Prozesses. Ebenso sind die Strahlen der Liebe völlig zurückgezogen, so dass ich auch über dieses Gefühl nichts ausrichten kann. Desgleichen beim Glück, es ist bei der betroffenen Person nichts mehr vorhanden, was dieses Gefühl aktivieren könnte. Das neutrale Üben ist nicht möglich, weil dies Trauer und Wut noch weiter verstärken würde.

Der Betroffene steht innerlich enorm unter Druck, weil er alle seine Kräfte braucht, das Ego, den Geist und die Gefühle zu unterdrücken. Das erklärt auch die tiefe innere Erschöpfung, da alle Energiequellen verdrängt werden. Dazu benötigt er so viel Kraft, dass nichts mehr davon übrig bleibt und er nur noch Müdigkeit empfinden kann.

Das einzige Gefühl, mit dem sich in einem solchen Fall arbeiten lässt, ist die Eifersucht. Die Eifersucht erhöht als Nebeneffekt die Selbstliebe. So versuche ich in einem ersten Schritt den Selbstwert dieses Menschen etwas zu erhöhen. Über das Eifersuchts-Gefühl ist das indirekt möglich, indem man gängige Wertvorstellungen, die im Gedächtnis als Assoziationen gespeichert sind, ausprobiert.

Hin und wieder werden sogar Menschen mit einer sehr schweren Depression von ihren Bekannten zu mir gebracht. Sie sind kraftlos und müde und denken, ihnen könne niemand mehr helfen. Häufig befinden sie sich in dieser Zeit in einer Klinik. Mit der Zeit merkte ich, dass ich zu Beginn jeweils nicht auf die tatsächliche Problematik eingehen kann, weil die Menschen so müde sind. Meist haben sie diesbezüglich schon einiges versucht, ohne jeglichen Erfolg, so dass bei ihnen eine totale Sinnlosigkeit herrscht.

So empfiehlt es sich also zuerst, den Geist und das Gefühl der Liebe etwas zu aktivieren. Beides ist zwar nicht auf direktem Wege möglich, weil die Abwehrmechanismen das verhindern. Aber über die Gefühle Eifersucht, Bewunderung und Neid lässt sich das indirekt bewerkstelligen.

Dazu kann man in die Kindheit zurückgehen oder auch nur auf der theoretischen Ebene bleiben. Wählt man die Kindheit, geht es darum, eine Begebenheit zu finden, bei der damals Eifersucht oder Neid aktiv war. Ich frage diese Menschen beispielsweise, was sie als Kind gerne zu Weihnachten bekommen hätten. Je nachdem kommt damit auch Trauer hoch, etwa, wenn sie das Gewünschte damals nicht bekamen. Je nach Kindheitserfahrungen sollte man das berücksichtigen.

Wenn die betroffene Person schon als Kind unter zehn Jahren ihre Wünsche nicht erfüllt bekommen hatte, ist es besser, zur theoretischen Ebene zu wechseln (die ich anschließend beschreibe). Wurden jedoch die Wünsche hin und wieder erfüllt, kann man gut darüber reden und so diese alten Gefühle aktivieren. Daraufhin können die späteren Wünsche behutsam angesprochen und damit der ganze Prozess der tiefen Enttäuschung seit seinen Anfängen bearbeitet werden.

Es braucht je nachdem viele Gespräche, aber es geht darum, die Menschen zu diesem Gefühl zurückzubringen. Sie müssen sich daran erinnern, dass sie vor langer Zeit einmal etwas gewollt haben. Ziel ist, dieses Gefühl auch im Jetzt wieder herzustellen. Das ist auch wichtig, um sich wieder besser fühlen zu können. Meistens fehlt dies nämlich; das heißt sie wissen das zwar, aber sie können es nicht mehr spüren und häufig auch nicht mehr glauben.

Die zweite Möglichkeit – nämlich sich auf die theoretischen Ebene zu begeben – ist wie gesagt für Menschen, die schon in frühester Kindheit keine Wünsche erfüllt bekamen. Dies ist etwas schwieriger, weil man anfänglich keine Anhaltspunkte hat. Zuerst sollte man herausfinden, wovon der Betroffene früher geträumt hat. Ich greife da meist auf einfache Stereotypen zurück: bei den Mädchen kann das eine Prinzessin, bei den Jungen ein Held sein. Auf heute bezogen könnte man jetzt fragen, wie es denn wäre, in einem großen Schloss zu leben. Hierbei spricht man ebenso die geistige Ebene an. Denn: wenn man so etwas gefragt wird, stellt der Geist sich das sofort vor, aber die Abwehrmechanismen treten nicht in Wirkung, weil es eine hypothetische Ebene ist.

Daraufhin geht es darum, diese »Fantasien« etwas detaillierter zu besprechen. Auf das Schlossbeispiel bezogen könnten die Fragen in diese Richtung gehen: wie man sich das Gebäude denn genau vorstellt, wie viele Räume es besitzen soll und welche Art von Garten, wo es stehen soll, am Meer oder in den Bergen. Die meisten kleinen Kinder haben solches oder ähnliches einst gewollt, vielleicht nur für eine sehr kurze Zeit, aber das reicht bereits. Die Idee ist, über diesen Umweg das Gefühl, «etwas besitzen zu wollen», wieder ins Jetzt zurückzubringen. Bei Männern ist die Helden-Thematik ideal. Man kann fragen, wen sie bewundern, was sie in einer bestimmten Situation an »seiner« Stelle machen würden usw.

Diese etwas ungewöhnliche Vorgehensweise ist eine Anregung, und die Beispiele, die ich nannte, sind nur einige von vielen Möglichkeiten. Ich benutze diese Methode nur bei Menschen, bei denen nichts anderes mehr anspricht; dort, wo die neutralen Gefühlsübungen nicht funktionieren, bei Menschen, die auch nicht mehr wollen und den Sinn im Leben nicht mehr sehen.

Übungen mit Eifersucht, Neid und Bewunderung

Eifersucht, Neid und Bewunderung neutral zu üben, ist etwas schwieriger als andere Gefühle, da ein minimaler Bezug notwendig ist, um sie zu aktivieren. Falls es für Sie sehr schwierig ist, Eifersucht und Neid zuzulassen, können Sie auch nur mit dem Gefühl der Bewunderung üben.

Für das neutrale Üben mit der Bewunderung sollten Sie zuerst etwas wählen, das Sie gerne besser beherrschen würden. Es sollte nicht das Wichtigste sein, eher etwas Kleines, zum Beispiel, besser Briefe zu schreiben, (eine bestimmte Speise) besser zu kochen, besser Fußball zu spielen oder besser die Steuererklärung auszufüllen. Einfach etwas, was Sie nicht hauptberuflich ausüben. Dann denken Sie an eine Person, von der Sie wissen, dass sie das Gewählte besser kann. Bewundern Sie diese Person in Gedanken bewusst dafür.

Da Eifersucht, Neid und Bewunderung die einzigen Gefühle sind, über die auch Informationen empfangen werden können, können Sie beim »neutralen« Üben auch darauf achten, was Sie empfangen und dies dann gleich ausprobieren. Viele bekommen in diesem Moment auch richtig Lust, es versuchen zu wollen.

Um Eifersucht auf Personen bezogen neutral zu üben, empfehle ich, sich dafür einen »Stellvertreter« zu suchen. Ideal dazu sind die Illustrierten mit Geschichten über Promis. Da ist sehr oft irgendjemand eifersüchtig auf jemand anderer. Haben Sie eine Person gewählt, versuchen Sie sich bewusst in sie einzufühlen. Sie können Eifersucht auch neutral üben, indem Sie sich im Fernsehen einen Film anschauen, bei dem dieses Gefühl ein Thema ist, und dabei bewusst mit den Schauspielern mitfühlen.

Auch Neid lässt sich neutral üben. Dazu denken Sie an einen Gegenstand, den Sie gerne hätten – aber es soll auch hier wieder nicht das ganz Wichtige sein. Denken Sie nun bewusst an eine bestimmte Person – die Sie aber nicht persönlich kennen –, die diesen Gegenstand besitzt.

Die Gefühle wahrnehmen

Dieses Kapitel ist im Besonderen gedacht für Menschen, die in irgendeiner Form therapeutisch tätig sind, und für solche, die sich intensiver und exakter mit der Wahrnehmung von Gefühlen auseinander setzen möchten.

Ich benutze im Folgenden die gleichen Informationskategorien wie im Kapitel über Geist und Ego.

In diesem Kapitel geht es darum, wie »unsichtbare« Information »sichtbar« gemacht werden kann. Meine Methode, »unsichtbare« Information in Zahlen umzusetzen, wirkt anfänglich etwas komplizierter als sie tatsächlich ist. Es gibt viele Gründe, wieso ich mich für ein System mit Zahlen entschieden habe. Einer der wesentlichsten ist die Zeitersparnis. Information lässt sich in Zahlen leichter, schneller und genauer zusammenfassen als in Worten.

In meinen Kursen, in denen es um die Schulung der Wahrnehmung geht, wenden wir diese Methode mit den Zahlen ebenso an, weil jeder Teilnehmer auf seine eigene Art und Weise wahrnimmt. Mit dem Benutzen der Zahlen kann die eigene Wahrnehmungsart beibehalten werden, und trotzdem können die Teilnehmer die erhaltene Information untereinander austauschen und vergleichen.

Zum Beispiel bekommt jemand die Information über innere Bilder. Eine weitere Person hat jedoch große Mühe mit Bildern, bei ihr ist es eher ein Fühlen der Information. Für diese zwei Menschen ist es schwierig, das Empfangene untereinander vergleichen zu können. Übersetzen sie aber die erhaltene Information in eine Prozentzahl, wird es für beide klar kommunizierbar.

Wenn man mit etwas Neutralem wie mit Zahlen arbeitet, sind die eigenen Gefühle, die man zu einer Problemsituation empfindet, weniger störend. Denn man nimmt immer das wahr, was man selbst denkt. Und so ist es überhaupt kein Problem, wenn man eine Methode zur Hand hat, mit der sich prüfen lässt, ob das, was man denkt, mit dem Ergebnis der Zahlen übereinstimmt oder nicht.

Ich lasse mich bei meiner Arbeit von meinem Verstand leiten und setze auf die Methodik, alles in Zahlen zu betrachten. Ich verlasse mich nicht auf mein Gefühl, weil das zu stark an meine eigene Erfahrung gebunden ist. Es gibt nämlich immer wieder Ausnahmen, die vom Gefühl her beurteilt vielleicht zu Falschinterpretationen führen könnten.

Mit Zahlen arbeiten

Ich arbeite hauptsächlich mit Prozentzahlen – zwischen 0 und 100 Prozent. Dabei geht es ums Abschätzen. Jeder von uns ist es gewohnt, das zu tun. Wenn wir beispielsweise einen Kuchen vor uns haben, bei dem ein paar Stücke fehlen, kann jeder abschätzen, wie viel Prozent des Kuchens noch vorhanden sind. Es geht anfänglich nicht um einzelne Prozente, sondern um eine ungefähre Schätzung, das reicht völlig aus. Eine höhere Genauigkeit ergibt sich beim häufigen Üben.

Um einen generellen Überblick über den Gefühlszustand eines Menschen zu bekommen, entschied ich mich für drei Kategorien:

1. Volumen

Das Volumen beschreibt die »Kugel« des Gefühls. Wie in den vorgängigen Kapiteln beschrieben, nehme ich die Gefühle als eine Art Flüssigkeit wahr. Das Volumen der Trauerkugel beispielsweise gibt Auskunft darüber, ob das Gefühl verschoben wurde oder nicht. Ist dies nicht der Fall, liegt das Volumen zwischen 85 und 100 Prozent. Ich gehe nie von 100 Prozent aus, denn die Gefühle sind sehr beweglich, und so kann sich momentan ein »Tropfen« an einem anderen Ort im Körper befinden. Dies bedeutet jedoch noch nicht, dass ein Gefühl über Dauer verdrängt wurde.

Die Prozentzahl des Volumens allein sagt wenig aus. Stellt man 45 Prozent fest, weiß man zwar, dass etwas nicht stimmt. Aber um genau zu wissen, was der Grund ist, sind zwei weitere Werte nötig: Intensität und Frequenz.

2. Intensität

Die Intensität sagt aus, wie stark ein Gefühl ist. Nehmen wir wieder die Trauer als Beispiel: »Ein wenig traurig« ergibt einen Wert zwischen ungefähr 5 und 25 Prozent; »sehr traurig« beginnt ab rund 70 Prozent.

Dieser Wert ist sehr hilfreich, weil nicht jeder Mensch seinen Gefühlen gleichermaßen Ausdruck verleiht.

3. Frequenz

Die Frequenz gibt Auskunft darüber, ob ein Gefühl angenommen wurde oder nicht. Dies ist wichtig im Zusammenhang mit den anderen Werten. Wenn also jemand traurig ist, und er lehnt diese Trauer ab, liegt der Frequenzwert unter 50 Prozent. Nimmt die Person das Gefühl an, steigt er auf über 75 Prozent.

So erhält man die Zahlenwerte

Die Zahlenwerte sind in drei Schritten zu erreichen:

1. Zu Beginn macht man die »neutrale« Gefühlsübung wie bei den Gefühlen jeweils beschrieben. Wer diese Übung häufig durchführt (mindestens dreimal in der Woche), braucht diesen ersten Schritt jeweils nicht mehr.

2. Nun fragt man in Gedanken nach der Prozentzahl zum Beispiel des Volumens eines Gefühls einer Person. Dies für einen bestimmten Tag und eine bestimmte Tageszeit. Das ist sehr wichtig, denn sind Datum und Zeit nicht genau definiert, erhält man zwar eine richtige Zahl, aber sie ist vielleicht von letzter Woche oder von vor zehn Jahren.

   Am Anfang ist es leichter, wenn einem die Person gegenübersitzt. Raum und Aufenthaltsort spielen jedoch letztlich keine Rolle, weil die »unsichtbare« Information nicht an Ort und Zeit gebunden ist.

3. Danach taucht in den Gedanken eine Zahl auf. Jene, die das zum ersten Mal machen, staunen jeweils, dass tatsächlich eine Zahl kommt. Sie ist sogar fast immer sehr schnell da, und dies führt anfänglich zu einem etwas eigenartigen Gefühl, da es sehr ungewohnt ist, unsichtbare Information in Zahlen umzusetzen.

Interpretation der Zahlen

Nun fragen sich natürlich die meisten: Ist die Zahl richtig? Sicher ist nur: Eine Objektivität wie in der Naturwissenschaft gibt es hier nicht. Deshalb empfehle ich, dieser Frage keine Beachtung zu schenken und sich stattdessen zu überlegen, ob die Zahl nützlich ist.

Bedeutend für die Interpretation der Zahl ist nun, dass man sich selbst gut kennt. Gemeint ist damit, je besser man die eigenen Gefühle kennt und annimmt, je genauer kann man wahrnehmen und interpretieren. Wer beispielsweise die Eifersucht selbst sehr verdrängt, wird Mühe haben, das Gefühl bei einer anderen Person genau wahrzunehmen. Das kann sich in einem Zahlenbeispiel so ausdrücken: Die eigene Eifersucht hat eine Frequenz von 35 Prozent, das bedeutet, man verdrängt sie ziemlich. Die Person, von der man die Frequenz wissen will, verdrängt sie weniger, und sie ist von der Intensität her 45 Prozent eifersüchtig. Von der verdrängten Perspektive aus gesehen, wird dies aber als 70 Prozent wahrgenommen. Das heißt, wenn man etwas selbst nicht ist, aber sein Gegenüber ist es ein wenig, kann es sein, dass man dies als viel intensiver einschätzt als es eigentlich ist.

Hat man bei sich selbst solche Zahlen schon häufig abgefragt, weiß man, wie die erhaltene Zahl bei einer Person gegebenenfalls etwas nachzukorrigieren ist.

Die Zahlen sind – trotz der im Raum stehenden Frage, ob richtig oder nicht – sehr nützlich. Sie vergrößern die Kenntnisse über die eigenen Gefühle und steigern das Verständnis für das Gegenüber. Sie können im Alltag helfen, viele Missverständnisse zu verringern. Beispielsweise möchte man oft wissen, ob eine bestimmte Person wütend auf einen ist oder nicht. Oder ob jemand traurig über einen ist oder nicht usw. Geht man nach oben genannter Methode vor, findet man es heraus.

Berechnen des Zeitverlaufs

Wie vorher erwähnt, ist es sehr wichtig, Zeit und Datum immer einzubeziehen, bevor man die Zahlen abfragt. Die Zahlen, die man erhält, sind ausschließlich für diesen bestimmten Augenblick. Eine Momentaufnahme sagt aber in gewissen Situationen gar nichts aus. Um den Gefühlszustand einer Person besser einschätzen zu können, benötigt es einen Zeitverlauf.

Den Zeitverlauf zu berechnen, ist vor allem zu Beginn ein sehr aufwendiger Prozess. Ich überlegte mir lange, ob ich das Vorgehen an dieser Stelle erwähnen soll oder nicht. Doch die verschiedenen Rückmeldungen – insbesondere von Menschen, die ähnliche Wahrnehmungen haben wie ich – überzeugten mich, das für dieses Buch niederzuschreiben. Die Methode bringt, trotz des Aufwandes, Klarheit in die außersinnliche Wahrnehmung. Oder um die Rückmeldungen auf einen Nenner zu bringen: das Verfahren bringt Ordnung ins Chaos der Informationsvielfalt.

Im Laufe der Zeit fällt einem das Berechnen leichter. Es ist vergleichbar mit einem Taschenrechner: Man muss zuerst eingeben, wie er etwas berechnen soll; wenn er programmiert ist, geht es sehr leicht. Am einfachsten ist es, wenn man es am Anfang zu zweit macht, so bekommt man auch ein Feedback über die erhaltenen Resultate.

Nachfolgend also eine umfassende Beschreibung dieser Methode, um damit selbst Berechnungen anstellen zu können.

Datum bestimmen

Will man aktuelle Werte erfragen, nimmt man den dem Tag der Ermittlung vorangegangenen Tag, um einen Zeitverlauf zu erstellen. Wenn wir das nachfolgend Beschriebene also heute durchführen, wählen wir den gestrigen Tag. Ansonsten ist es natürlich möglich, die Werte für jeden gewünschten Tag zu ermitteln.

Genaue Uhrzeit und Gefühl sowie Volumen, Intensität und Frequenz bestimmen

Dafür teilt man den Tag in Stunden ein, von 6 Uhr morgens bis 24 Uhr abends. Dies, um im Endeffekt einen Durchschnittswert für einen Tag zu bekommen. Ich habe eine Stundeneinteilung gewählt, weil ich meine »Sortiermechanismen« so einstellen wollte, dass ich bei Bedarf auch nur bestimmte Stunden betrachten kann und nicht automatisch nur den ganzen Tag. Wenn jemand sich nur immer abends unwohl fühlt, kann ich so genaue Zahlen abfragen für die Zeit zwischen 18 und 24 Uhr und sie dann vergleichen mit dem übrigen Tag.

Ich unterscheide zwischen Tag und Nacht. Im Normalfall brauche ich die Information der Nacht nicht, außer etwa bei Schlafstörungen, wo es bedeutsam ist, ausschließlich die Gefühle in der Nacht zu untersuchen und sie mit den Gefühlen am Tag zu vergleichen. Dabei ist der Vergleich der Intensität der Gefühle zwischen Tag und Nacht meistens schon ausreichend, um herauszufinden, ob die Schlafproblematik mit den Gefühlen in Verbindung steht oder nicht.

Volumen, Intensität und Frequenz werden anfänglich immer separat abgefragt. Man benötigt nicht immer alle Werte von Beginn weg.

Hier eine Übung (mit einer zweiten Person), um die eigenen »Sortiermechanismen« in Schwung zu bringen. Man fragt nach und nach ab:

1. Durchschnitt des Volumens der Trauer gestern zwischen 6 und 7 Uhr morgens? Die erhaltene Zahl schreibt man auf.
2. Durchschnitt des Volumens der Trauer gestern zwischen 7 und 8 Uhr morgens? Diese Zahl notiert man sich ebenso.
3. So fährt man weiter bis 24 Uhr.

Dann folgen die Fragen zur Intensität:

1. Durchschnitt der Intensität der Trauer gestern zwischen 6 und 7 Uhr morgens? Die erhaltene Zahl schreibt man wieder auf.
2. Durchschnitt der Intensität der Trauer gestern zwischen 7 und 8 Uhr morgens? Auch diese Zahl notiert man sich.
3. So fährt man ebenso weiter bis 24 Uhr.

Daraufhin widmet man sich der Frequenz:

1. Durchschnitt der Frequenz der Trauer gestern zwischen 6 und 7 Uhr morgens? Man notiert sich die Zahl.
2. Durchschnitt der Frequenz der Trauer gestern zwischen 7 und 8 Uhr morgens? Die Zahl wird notiert.
3. Ebenso weiter bis 24 Uhr.

Anschließend macht man das Ganze mit den vier anderen Gefühlen: Liebe, Glück, Wut und Eifersucht.

Ist man am Schluss angelangt, verfügt man über eine Menge an Zahlen. Daraus ist schnell ersichtlich, dass man eine Darstellungsform braucht, um die Zahlen interpretieren zu können. Aufzeichnungen sind zu Beginn noch hilfreich. Später kann man versuchen, es im Kopf zu machen. Man gewöhnt sich nach und nach daran und es wird immer leichter. Nach einer gewissen Zeit kann man zwei Tabellen nebeneinander »betrachten«, oder sogar vier bis fünf.

Im Beispiel ging es um einen Tag. Wenn man die Übung gemacht hat, wissen die eigenen Sortiermechanismen, wie man Information zusammenträgt. Es ist danach auch möglich, eine Zahl abzufragen, die eine ganze Woche zusammenfasst. Oder einen Monat. Man könnte ebenso ein Jahr zusammenfassen, doch dies sagt zu wenig aus. Am besten geht es mit Wochen oder Monaten.

Ausschlaggebend ist, dass man sich zuerst überlegt, welche Information man braucht, und anschließend die entsprechenden Zahlen abfragt und in einer Tabelle darstellt.

Interpretationsbeispiele

In den folgenden Ausführungen geht es nicht um den körperlichen Aspekt. Trotz Schmerzen im Arm ist in dem Beispiel klar, dass der Arm nicht gebrochen ist und auch sonst keine Verletzungen oder bekannten Krankheiten vorliegen.

Eine Person hat starke Schmerzen im Arm und wirkt sehr traurig. Die erste Überlegung, die man sich macht, ist, ob es sich um ein verdrängtes Gefühl handelt, das die Schmerzen verursacht. Um sicher zu gehen, überprüft man dies.

Es ist wichtig, sich dabei an eine bestimmte Methodik zu gewöhnen und sich vom Verstand führen zu lassen und nicht von den eigenen Gefühlen. Ich arbeite selbst schon sehr lange damit und entwickelte nach einer gewissen Zeit ein Gespür dafür, was die Ursache eines Problems sein könnte. Aber dies ist nicht meine Vorgehensweise, mich ausschließlich auf mein Gespür zu verlassen. Ich nehme dieses zwar zur Kenntnis, überprüfe es aber trotzdem immer, um Täuschungen ganz ausschließen zu können. Es gibt nämlich jederzeit Ausnahmen oder Fälle, bei denen alles anders ist.

Nun kann man im vorliegenden Fall wie gesagt annehmen, ein verdrängtes Gefühl verursache die Schmerzen. Nahe liegend ist Trauer, da die Person auch traurig wirkt. Trotzdem ist es wichtig, auch bei einem scheinbar klaren Fall die anderen Gefühle zu überprüfen. Denn es kann ja sein, dass die Trauer der Person einen anderen Hintergrund hat und nicht die wirkliche Ursache ist. Alle der Gefühle können also in Frage kommen, sogar mehrere zusammen. So benötigt man für den Moment die Frequenzen von jedem Gefühl. Das sagt schon viel aus.

Gehen wir in diesem Beispiel einmal davon aus, dass es die Trauer ist. Wenn sich also im Arm ein verschobenes Stückchen Trauer befindet und einen Schmerz auslöst, müsste beim Volumen der Trauerkugel ein Stück fehlen. Ist dem nicht so, liegt man falsch. Ebenso muss, wenn ein Stückchen Trauer verdrängt wurde, die Frequenz unter 50 Prozent liegen, sonst hat man etwas übersehen.

Als nächstes untersucht man, wie lange die Trauer schon vorhanden ist. Dazu benötigt man die Frequenz und die Intensität über eine längere Zeit hinweg. Dabei kann es sich um mehrere Jahre oder um mehrere Monate handeln. Dies ist zu Beginn etwas aufwendig, weil man die einzelnen Monate rückwärts durchgehen muss, bis man einen Monat findet, bei dem die Frequenzen höher sind.

Hat man diesen Zeitraum gefunden, kann man die Person

fragen, was in dieser Periode passiert ist. Die meisten erinnern sich daran. So bekommt man einen Anhaltspunkt, welche Situation diesen Schmerz verursacht hat.

Man kann die Person auch direkt fragen, ob sie eine Idee habe, welche Situation für ihre Trauer verantwortlich sein könne. Eine Überprüfung mit den Zahlen sollte aber trotzdem nochmals gemacht werden. Jeder Mensch reagiert anders auf bestimmte Problemsituationen, und die eigene Perspektive ist ungenügend, so etwas einzuschätzen.

Nehmen wir beispielsweise einen Autounfall. Viele gehen davon aus, dass ein solcher eine Traumatisierung verursacht. Das ist sehr wohl möglich, es kann aber auch sein, dass jemand damit umgehen kann, ohne weiterhin darunter zu leiden. Wenn wir so etwas erfahren, fühlen die meisten von uns sofort mit und stellen sich vor, wie sie in einem solchen Fall reagieren würden. Es kann nun sein, dass dies übereinstimmt, wir können aber auch daneben liegen. Daher hier nochmals den Hinweis, alles mit den Zahlen zu überprüfen.

Hat man schließlich die Ursache gefunden, kann man das der Person mitteilen und ihr helfen, dieses Gefühl wieder zurückzuschieben. Anhand der Frequenzen ist sofort ersichtlich, ob es sich bessert oder nicht.

Übung zur Verbesserung der Interpretation

Um die Zahlen besser interpretieren zu können, rate ich Ihnen zu folgender Übung: Schauen Sie sich zu zweit einen Film im Fernsehen an und fragen Sie die Zahlen aller Gefühle der verschiedenen Schauspieler ab.

Diese Übung ist ideal für den Einstieg, da Sie zum Film, zu den Schauspielern etc. schon einige Informationen haben. Gute Schauspieler können sich beeindruckend in ihre Rolle hineinversetzen. Wie gelingt ihnen das? Um den Zuschauern das Gefühl der Trauer wirklichkeitsgetreu zu vermitteln, müssen sie die Trauer auch selbst spüren und das Gefühl aus eigener Erfahrung kennen. Das bedeutet eine Frequenz von über 65 Prozent. Die Intensität ist je nach gespielter Trauersituation niedrig, mittel oder hoch.

Wenn ich mir einen Film anschaue, bekomme ich diese Information immer mit, und die Frequenzen der verschiedenen Schauspieler werden ersichtlich. Die sehr guten Schauspieler kann man daran erkennen, dass die Intensität ihrer Rolle genau übereinstimmt mit der Intensität ihres Gefühls – alle haben sie »hochfrequente« Gefühle, das heißt sie haben ihre Gefühle völlig angenommen.

Bei weltbekannten Schauspielern ist diese Übung einfach, weil man sie kennt und daher die Resultate schon ahnt. Bei weniger bekannten Schauspielern – etwa solche, die in Fernsehserien spielen – ist es interessant, die Unterschiede selbst feststellen zu können.

Eine wichtige Anmerkung: Sind die Filme deutsch synchronisiert worden, müssen Sie achtgeben, dass Sie die Gefühle des Sprechers nicht mit denen des Schauspielers verwechseln oder vermischen. Nach meiner Erfahrung liegen die beiden häufig auseinander, manchmal sogar sehr weit. So empfehle ich am Anfang eher Filme in der Originalsprache als Übungsfeld.

Nachwort

Zum Schluss dieses Buches möchte ich etwas über mich selbst erzählen. Ich werde oft gefragt, wie ich meine Wahrnehmungen entdeckt habe, sie weiterentwickelte und im Laufe der Zeit damit zurecht kam.

Aufgewachsen bin ich in Belgien an der Nordsee und 1992 nach Basel gezogen. Schon als Kind »sah« ich Dinge, die andere nicht bewusst sahen. Meine Wahrnehmungen sind über die Jahre hinweg immer stärker geworden – durch stetiges Üben. Anfänglich war mir nicht wirklich klar, dass andere keine solche Wahrnehmungen haben, ich dachte lange Zeit, dies sei normal und bei jedem so.

Ich bin der Ansicht, dass jeder diese Dinge wahrnehmen kann, aber wenn solche Information nie bewusst abgefragt wird, filtert sie das Gehirn aus. So glaubt man, dass man das nicht kann. Für mich ist es wie eine Art Handwerk, das Übung und Erfahrung braucht. Wie Musik spielen, gut kochen können oder gut sein in Mathematik. Um »sehen« zu lernen, braucht es einen großen Anteil Neugier, viel Disziplin, um die Übungen zu machen, und vor allem eine ganz »normale« Denkweise.

Vieler meiner Wahrnehmungen schienen mir anfänglich rätselhaft. Ich brauchte viel Zeit herauszufinden, worum es geht und was genau ich »sehe«. Ich hatte zwar auch damals schon Geistwesen, die mich begleiteten, aber sie gaben mir meist nur immer wieder neue Übungsaufgaben und hielten mich damit auf Trab. Antworten auf meine zu jener Zeit brennenden Fragen über das Warum und Wieso der Dinge bekam ich nicht, dies musste ich selbst erforschen – mit immer wieder der gleichen Aufforderung, einfach logisch nachzudenken.

Zu Beginn verwirrten mich diese Wahrnehmungen ziemlich, weil viele Menschen etwas anderes erzählten, als was ich »sah«. Auch bei einfachen Gesprächen war das auffallend. Unter Erwachsenen ist es schon fast üblich, dass man auf die Frage »Wie geht es dir?« mit »Gut« antwortet, auch wenn das überhaupt nicht der Fall ist. Für mich als Kind war es absolut rätselhaft, wieso das so viele taten. Vor allem deshalb, weil ich ja davon ausging, dass es für alle sichtbar war, wie es jemandem ging. Um das herauszufinden, war es notwendig, meine Überlegungen zu überprüfen. Das ist nur eines von vielen Rätseln, die mich dazu führten, mein »Sehen« zu verbessern, um herauszufinden, was die anderen »sehen«. Das normale zwischenmenschliche Gespräch der Menschen schien mir schon sehr früh keine richtigen Anhaltspunkte zu geben, wonach ich mich orientieren konnte.

Die Geistwesen betonten ständig das Word »Logik«, nur wusste ich natürlich als Kind nicht genau, was Logik bedeutet. Sie gaben mir zu verstehen, dass ich das mit der Zeit erfahren werde. Die Einsicht erfolgte ein paar Jahre später in der Schule. Ich war zwischen zwölf und dreizehn, als ich die ersten Begegnungen mit Logik im Mathematikunterricht hatte. Ich erinnere mich nur noch an Kreise, bei denen stand: Wenn A Teil von B ist, ist B auch Teil von A. Da bekam ich das Gefühl, meinen Leitfaden gefunden zu haben.

Meine Begeisterung war enorm. Dieses Gefühl von Klarheit im Denken beeindruckte mich bleibend, und ich setzte mir zum Ziel, diesem Gefühl in meinen persönlichen Untersuchungen weiterhin nachzustreben.

Unter meinen Klassenkameraden und -kameradinnen fand ich diese Begeisterung nicht, und so sprach ich nur mit meinen Geistwesen darüber. Ich versuchte zwar meine Mitschüler zu fragen, weshalb die Menschen denn nicht das erzählten, was sie eigentlich denken, doch brachte mir das nur befremdende Blicke und die Gegenfrage, woher ich denn das wisse. So war mir schnell klar, dass ich hier keine Hilfe zu erwarten hatte. Das störte mich nicht sonderlich, denn andererseits hätte ich – wäre es zu solchen Gesprächen gekommen – ja kaum gewusst, was ich darüber erzählen soll, da ich hauptsächlich Fragen hatte und keine Antworten. Aus dieser Sicht schien es mir vernünftiger, einmal abzuwarten, bis bei mir Klarheit herrschte und das würde wahrscheinlich noch einige Zeit dauern.

Die erste Begegnung mit der Logik war für mich ein Meilenstein. Ich hatte endlich eine Art Wegleitung gefunden, meine Wahrnehmungen einzuordnen. Das Berechnen mit Prozentzahlen im Kapitel über die Wahrnehmung der Gefühle ist eine Folge davon. Das Rechnen in der Primarschule – das Einmaleins und ähnliches – war mir nicht nützlich. Doch später im Gymnasium, wo wir alles Mögliche benutzten, um Dinge zu berechnen, die Kurven und Normalverteilungen, da probierte ich fast alles aus, um zu sehen, ob sich das auf meine Wahrnehmungen bezogen verwenden lässt. Auch Algebra, bei dem man mathematisch den Wert einer unbekannten X berechnen kann, war eine wichtige Erweiterung. Dies machte meine Berechnungen erheblich schneller. Und das bedeutete auch: Ich muss die Ursache des Problems nicht genau kennen, um es zu finden. Später kamen zudem die Grundlagen der Statistik hinzu, was mir sehr half, meine »Daten« besser sortieren zu können. Ich weiß heute, dass dies von vielen als eine ungewöhnliche Methode betrachtet wird, um mit außersinnlichen Wahrnehmungen umzugehen, aber mir schien es immer logisch.

Ich war inzwischen 14-jährig, hatte aber noch nicht vor, anderen Menschen mit meinem »Sehen« zu helfen, da ich auch zu wenig wusste. Aber ich blieb weiterhin daran, möglichst viele Informationen zusammenzutragen, um eine bessere Klarheit zu bekommen. Dennoch beobachtete ich das Thema Krankheit ziemlich ausführlich, aber es schien mir äußert komplex. Dann ereignete sich jedoch etwas, das mich dazu brachte, diese Überlegungen über Bord zu werfen und es doch schon zu wagen. Wobei, es war mehr ein Ausprobieren, die Sicherheit von heute hatte ich damals natürlich noch überhaupt nicht.

Dazu kurz eine Schilderung meines Alltags im Sommer während meiner Jugendzeit, die auch erklärt, weshalb ich doch so früh und ziemlich unbemerkt beginnen konnte, mit Menschen zu arbeiten. Meine Eltern besaßen an der Nordsee einen Campingplatz. Es gab dort mehrere Büros. Da war auch ein kleines, in das jeweils die Bewohner des Platzes kamen, um zu telefonieren oder Abfallsäcke und Jetons für die Duschen und Waschmaschinen zu kaufen, aber auch, um bestimmte Informationen zu bekommen. Ich arbeitete dort häufig während des Sommers und kannte deswegen die meisten der Touristen gut, auch weil viele einen großen Teil des Jahres bei uns verbrachten. Das trug natürlich dazu bei, dass ich sehr viel beobachten konnte, und weil ich beim einzigen Telefon dieses Ortes saß, auch sehr viele Geschichten mitbekam. Im Nachhinein gesehen war das der ideale Ort für mich und meine »Studien«.

So kam es, dass mir jemand eines Tages eine Geschichte erzählte, die mich innerlich so betroffen machte, dass ich nicht anders konnte als zu versuchen, diesem Menschen mit seinem Problem zu helfen. Der Mann erzählte mir, dass er eben von einer Busreise zurückgekommen war, die ihn zu einem damals bekannten holländischen Heiler geführt hatte. Er suchte ihn auf wegen seinen Schmerzen im Knie und hoffte wie die anderen, die mit ihm die Reise im Bus machten, auf Heilung. Nach der Ankunft bat der Heiler alle in einen Raum und machte eine längere Meditation mit ihnen. Daraufhin eröffnete er der Gruppe, dass von ihnen nur eine Person die Gnade Gottes verdiene und behandelte nur diese. Den anderen wurde nicht geholfen. Ich konnte »sehen«, wie der Mann zutiefst traurig war, als er mir dies berichtete, da er glaubte, was der Heiler erzählte.

Ich kann hier nur schwer beschreiben, was mir durch den Kopf ging. Ich fand weder einen Sinn noch eine Logik darin. Einerseits staunte ich, andererseits aber wehrte sich etwas in mir gegen solchen Aussagen, weil ich so etwas beim besten Willen nicht nachvollziehen konnte. Ich sah schon damals dieses Licht in allen Menschen und wusste, dass alles gleichermaßen ein Teil vom Ganzen ist. Herauszufinden, wieso jemand so etwas behauptet, stand ab dem Zeitpunkt auf meiner inneren Liste von offenen Fragen. In der Zwischenzeit aber wollte ich die Schmerzen dieses Mannes einmal näher anschauen und versuchen, ob ich etwas für ihn tun konnte. Einmal angefangen damit, ging es schneller, als ich dachte. Seine Frau hatte auch etwas, und dann kamen noch weitere Personen dazu, die davon hörten.

Diese ersten Jahre waren geprägt von vielem Ausprobieren und von Anschauen und immer wieder Anschauen. Und natürlich von Übung, dies alles genauer erfassen zu können. Ich hatte Glück, dass die Menschen soviel Geduld aufbrachten und meine tausend Fragen beantworteten, denn ich brauchte ausführliche Krankheits- und Lebensgeschichten, um das Wahrgenommene besser deuten zu können.

Ich weiß noch gut, wie ich am Anfang Probleme hatte, die Wahrnehmungen zeitlich einzuordnen. Die Krankheiten waren nur ein Teil der Arbeit. Ich wollte insbesondere auch üben, wie man Informationen aus Gegenständen erhalten kann. Ich erinnere mich dabei an einen Fingerring, mittels dessen ich den emotionalen Zustand seiner Trägerin beschreiben sollte. Ich bekam die Informationen durch den Ring, doch sie schienen überhaupt nicht zu passen. Nun verstand ich nicht, wo der Fehler lag. Auch die beiden, die mich anfragten, beschäftigte dies und sie überlegten sich, worin wohl der Grund für diese Falschaussage lag. Nach zwei Tagen stellte sich heraus, dass ich die »Geschichte« des Herstellers des Ringes erzählt hatte. Den beiden war plötzlich eingefallen, dass es der Dorfgoldschmied war, den sie persönlich gut kannten. Daraus habe ich gelernt, dass ich die Zeitspanne weniger breit definieren muss. Die Genauigkeit war also in der Fragestellung sehr wichtig. Das ist nur ein Beispiel von vielen meiner Lernerfahrungen der ersten Jahre.

Nach und nach suchte ich auch nach Büchern, die mir weiterhelfen konnten. Gelesen habe ich viel, gefunden leider nicht. Ich war von meinen bisherigen Erfahrungen etwas anders geprägt, als was in den Büchern stand. Für mich war jede Erweiterung meiner Wahrnehmung das Resultat von fleißigem Üben. So war und bin ich auch heute voll überzeugt, dass jeder das lernen kann, wie anderes auch. Je mehr man übt und je mehr Erfahrung man bekommt, desto besser kann man es.

Ich fand eigenartigerweise niemanden, der dies als völlig normal lernbar betrachtete. Und in den Büchern stand viel Geheimnisvolles; die Autoren sprachen von Entwicklungsstufen und von Einweihungen. Was mir ebenso rätselhaft erschien, waren die vielen Regeln, die man befolgen sollte, etwa bestimmte Dinge nicht zu tun oder gewisse Speisen nicht zu essen usw. Zuerst betrachtete ich nur die Menschen, die mir gegenüber saßen. Mit den Büchern aber kam die Notwendigkeit für mich, die Menschen, die sie schrieben, ebenfalls näher anzuschauen. Das bedeutete wiederum neue Übungen. Ich wollte verstehen können, wieso sie so etwas glaubten. Und ich wollte überprüfen, ob ich da wirklich etwas grundlegend anderes »sehe« bei jemandem, der strikt eine Menge Regeln befolgt, im Vergleich zu jemandem, der das nicht macht. Ich konnte keine Unterschiede entdecken. Jeder war zwar anders, aber im Kern immer gleich wie alle anderen auch.

Was damit anfangen? Ich saß da mit ziemlich nüchternen, pragmatischen Geistwesen, die mir keine Antworten darauf gaben, sondern »nur« viele neue Übungen und Anregungen.

Auch bei Schmerzen und sonstigen Problemen der Menschen war es für mich ein Prozess, herauszufinden, wie ich vorzugehen hatte. Zuerst versuchte ich, die Schmerzen wegzunehmen. Es schien mir logisch und es ist mir auch nichts besseres eingefallen. Und es gelang auch. Aber da ich die meisten Menschen immer wieder traf, konnte ich beobachten, dass die Schmerzen sich ein paar Monate später wieder zeigten. Mir wurde bewusst: da muss es noch etwas Weiteres geben. Dies war der Punkt, an dem ich mich auf die Suche machte, die Zusammenhänge zu verstehen. Ich wollte dauerhafter helfen und darüber hinaus den Menschen die Vorgänge erklären können.

Bei jeder neuen Person, die zu mir kam, wurden neue Zusammenhänge sichtbar. Dies hört nie auf, da die Situation bei jedem ein wenig anders ist. Es gibt auch solche, bei denen es ganz abweicht.

Das alles ist jetzt über zwanzig Jahre her. Ich habe diese Erfahrungen aufgeschrieben, um Ihnen vermitteln zu können, wie ich dazu kam, die Dinge so zu sehen, wie ich sie sehe und wahrnehme.

www.anoukclaes.ch

Anouk Claes

Angst
Beschützer rund um die Uhr

Was ist Angst und warum leiden wir unter den verschiedensten Arten von Angst? Was kann man tun, wenn man Angst hat. Was haben Schlafstörungen, Stress, keine Entscheidungen treffen zu können mit Angst zu tun? Wieso schaffen es viele nicht, sich aus einer nicht mehr intakten Beziehung oder einem schlechten Arbeitsverhältnis zu lösen, obwohl sie innerlich dazu bereit wären? Was kann man machen bei Flug-, Platz- oder Höhenangst oder Angst vor Spinnen?

Dieses Buch gibt Antworten auf diese und viele andere Fragen und bietet sehr leicht anwendbare Lösungen, sich wirksam von den Auswirkungen der Angst zu befreien.

Anouk Claes zeigt einen gänzlich neuen Weg, indem sie erklärt, dass Angst durchaus einen Sinn in unserem Leben hat – sie schützt uns vor Gefahren. Deshalb darf sie weder verbannt noch verdrängt werden. Es geht darum, zu erkennen, was Angst ist und wie sie sich verhält, sowie um den richtigen Umgang mit ihr. Zahlreiche Praxisbeispiele und Übungen helfen, die Angst nicht auszuschalten, sondern dauerhaft frei von ihren Folgen zu werden.

ISBN 978-3-905836-03-5

www.allinti.ch

Anouk Claes, Bee Straumann

Sie & Sie

Trainieren Sie Ihre Hellsichtigkeit und erleben Sie, was geschieht

Erweitern Sie Ihr Leben um einen wesentlichen Aspekt. SIE – Anouk Claes – zeigt Ihnen wie. Und SIE – Bee Straumann – gibt praxisbezogene Beispiele, wie sich die gewonnenen Erkenntnisse umsetzen lassen.

Anouk Claes vermittelt anlässlich ihrer Schulungen einen tiefen Einblick in ihre Art der Wahrnehmung, in ihren Umgang mit den verschiedenen Wirklichkeitsebenen und die praktische Arbeit damit. Auf vielfältigste Art leitet sie dazu an, den bisherigen Erfahrungshorizont zu überschreiten. Dass dabei manch eherner Glaubenssatz wie eine Seifenblase zerplatzt, ist zuweilen irritierend aber durchaus auch heilsam. Über das Abenteuer der gemeinsamen Entdeckungsreise in die Welt der außersinnlichen Wahrnehmung berichtet Bee Straumann authentisch und abwechslungsreich aus ihrem Erleben als Schülerin.

Ein bahnbrechendes Buch, das äußerst lebendig und inspirierend aufzeigt, dass Hellsichtigkeit kein Talent von Auserwählten, sondern jedem Menschen möglich ist und ihm den Alltag wesentlich erleichtert.

ISBN 978-3-905836-05-9

Allinti

www.allinti.ch

Anouk Claes

Warum & Wieso?
Fragen öffnen neue Wege

In ihrem vierten Buch gibt Anouk Claes Antworten auf die Fragen, die ihr die Menschen täglich in ihrer Praxis und an Kursen stellen. Diese Auswahl der interessantesten Fragen enthält die Themen Gefühle, Geist, Ego, Angst, erweiterte Wahrnehmung, Träume, Jenseits, Verstorbene uva.

Es ist aber nicht lediglich ein Frage/Antwort-Buch: Die Autorin begründet ihre Antworten. Daher lässt sich gut nachvollziehen, wenn die Antwort auf den ersten Blick vielleicht ungewöhnlich ist und sich von gängigem, was Medien oft bekunden, unterscheidet. So erfahren die LeserInnen beispielsweise, weshalb man etwas nicht loslassen muss, oder warum Verstorbene nicht ins Licht geführt werden müssen. Und dass weder das Ego noch negative Gedanken schlecht sind. Die Autorin widmet sich ebenso intensiv den Glaubensstrukturen, die sehr oft den Weg zum Glück verstellen.

»Warum & Wieso?« bietet spirituell offenen Menschen ganz neue Ansichten und ermöglicht ungeahnte Einsichten. Das Buch öffnet damit Wege, Problemsituationen mühelos zu lösen und dem Leben neue Impulse zu verleihen.

ISBN 978-3-905836-07-3

www.allinti.ch

Anouk Claes, Karin Kastner

Durchsichtig
Hellsichtigkeit und wie Sie am besten damit umgehen

In ihrem neuesten Buch erklärt Anouk Claes den Zusammenhang von psychischen Störungen und Hellsichtigkeit. Was kann man tun, wenn die Dinge plötzlich »durchsichtig« werden? Hellsichtigkeit ist eine von verschiedenen Formen von außersinnlicher Wahrnehmung. Etliche Menschen leiden darunter, wissen nicht, was das ist, und ihnen kann meistens nicht geholfen werden. Anhand von Fallbeispielen aus ihrer Praxis beschreibt Anouk Claes, wie sie mit Störungen, die auf den verschiedensten Arten von außersinnlicher Wahrnehmung beruhen, umgeht.

Dieses Buch richtet sich an alle, die die Hellsichtigkeit und ihre Auswirkungen besser verstehen möchten. Aber ebenso an Personen, die in ihrem Umfeld jemand kennen, der unter einer Psychose leidet, an Schizophrenie erkrankt ist, Stimmen hört, Wahnvorstellungen oder Halluzinationen hat. Es werden Wege aufgezeigt, besser damit umgehen zu können, und auch, wie man einem Menschen auf eine andere, neue Art helfen und ihn begleiten kann.

Die Fallbeispiele beinhalten jeweils die Schilderung und Erklärung der Symptome sowie den Therapieverlauf.

ISBN 978-3-905836-08-0

www.allinti.ch

Enid Hoffmann

Entwickeln Sie Ihre
übersinnlichen Fähigkeiten

Mit diesem Buch ergibt sich die Chance, das Bewusstsein über die körperlichen Sinne hinaus zu erweitern und hinter den Vorhang des Raumes und der Zeit zu blicken. Die bekannte Lehrerin und Autorin Enid Hoffman gibt einfache Anleitungen *und* verrät die Geheimnisse der Eingeweihten.

In diesem umfassenden Überblick über alle außersinnlichen Erfahrungen finden sich mehr als siebzig Übungen, die viel Spaß, aber wenig Mühe machen. Enid Hoffman zeigt, wie die natürlichen Gaben gestärkt und gebündelt werden können, um

- aus gelegentlichen Vorahnungen ein klares Vorauswissen und aus flüchtigen Fantasien und Tagträumen scharfe, präzise Bilder von Ereignissen in anderen Zeiten und an anderen Orten zu machen
- zu erfahren, was andere tun, fühlen und denken
- in die Zukunft zu schauen
- vergangene Leben zu erforschen
- zu finden, was wir verloren haben
- andere Menschen zu heilen

uvam.

Durch das Trainieren der übersinnlichen Kräfte aktivieren wir unsere rechte Hirnhälfte, die intuitive, kreative, übersinnliche Hemisphäre, und fangen an, bewusst, kreativ und lebendig zu werden.

ISBN 978-3-905836-01-1

www.allinti.ch

Gijsbert van der Zeeuw

Hellsichtig in Raum und Zeit

Erfahrungen aus der Praxis eines Mediums

Dieses Buch schildert die hochinteressanten Erfahrungen, die Gijsbert van der Zeeuw mit Klienten in seiner Praxis, mit Menschen in den Vortragssälen und durch eigene Forschungen machte. Es gibt zudem von Kapitel zu Kapitel die Sicht auf die jenseitige Sphäre frei und präsentiert sich durch seine äußerst präzise Darstellung als Brücke zwischen Wissenschaft und Glauben.

Der Autor behandelt diese Themen, die heutzutage meist nur esoterisch abgehoben vermittelt werden, so sachlich und klar, dass auch nüchtern denkendere Menschen einen leichten Zugang zu spirituellen Inhalten finden.

Diese etwas andere Beschreibung der geistigen Gesetze – die durch die vielen Fallbeispiele praktisch erfahrbar gemacht werden – ist auch Menschen mit übersinnlichen Wahrnehmungen zu empfehlen. Van der Zeeuw beschreibt offen, ehrlich und sehr detailliert, wie sie am besten mit diesen Bildern, Gefühlen und weiteren Informationen umgehen können, und gibt richtiggehende Entscheidungshilfen – so, wie es bislang kaum jemandem gelang.

ISBN 978-3-905836-00-4

www.allinti.ch

Heilen heute

Die ganze Vielfalt des
Heilens in einem Magazin

In der von Marcus Caluori herausgegebenen Zeitschrift erfahren die Leserinnen und Leser viel Wissenswertes und ebenso konkrete, praktische Unterstützung. unter anderem durch:

- Fallbeispiele die zeigen, mit welchen Methoden Menschen erfolgreich behandelt wurden.
- einen »Workshop« von Anouk Claes, der Leserinnen und Leser in Theorie und Praxis (Übungen) sorgsam in das »Heilen« einführt und zeigt welche kraftvollen Möglichkeiten dadurch für Wohlbefinden, Gesundheit und Alltag zur Verfügung stehen.
- Portraits, die Personen, die im Umfeld der Thematik »Heilen« tätig sind, vorstellen.
- Beiträge zu Natur und Heilen, zur Persönlichkeitsentfaltung, von Mensch und Tier uvam.
- aktuelle Informationen, Buch-/DVD-/CD-Tipps, Agenda mit Vortrags-, Seminar- und Workshop-Terminen usw.

»Heilen heute« erscheint 4 x jährlich jeweils zu Beginn der neuen Jahreszeit. Erhältlich im Abonnement und in der Schweiz am Kiosk.

www.heilenheute.ch